JN408852

온몸으로 관통해온 역사를 들여다본

▲ 저자 김석준 선생 근영

▲ 저자 김석준 작가와 아내 옥정자 부부

▲ 아버지 김홍식 선생과 어머니 이광순 여사

▲ 서울시립대학교 경영대학원을 수료하고 가족들과 함께

▲ 김석준 요셉, 옥정자 마리와와 14명의 직계 가족 아들 셋, 며느리 셋, 손자 여섯, 안드레아, 세실리아, 프란치스코, 다니엘, 큰세실리아, 베르도, 안젤라, 마르코, 요셉, 마리아, 실비아, 소피아 등

▲ 경영대학원을 수료하고

마리아♥요셉
2018. 5. 7.

TEAM SPIRIT
1979. 10. 10 – 1980. 4. 1
T. S 80 C/E PLANNING CELL.

졸 축 업
제19기 전략정보반 일동
(1978. 3 .20~1978. 12. 23)
정태률 박민홍 김석준 강영홍
김명희 이정삼 이규선 조용관
이주향 김영원 유병일 이재현
리상기 박기찬 김동익 방점리
최용기 박용태 박태훈 박창식
박경석 류인수 공성종 공상목

40週年記念
2001. 5. 13
第156期 同期會

문학공원 수필선 42

온몸으로 관통해온 역사를 들여다본

어론리의 추억

於論里

김석준 수필집

문학공원

차례

화보 …… 2

책을 펴내며 …… 13

추천의 글 / 김순진 …… 14

1부. 이루지 못한 첫사랑

나의 고향 인제 …… 20

어론리(於論里)의 추억 …… 25

이루지 못한 첫사랑 …… 32

고통 …… 39

고등학교 시절 세 친구의 追憶 …… 43

2부. 와수리의 추억

와수리의 추억 …… 52

이포나루터의 추억 …… 60

908부교중대장의 희생(犧牲) …… 65

군축교 폭파(爆破) CPX …… 71

군산의 추억(追憶) …… 81

김선관 안토니오를 보내며 …… 86

3부. 어머니의 가르침

어머니의 가르침 …… 90

이기준 선생의 고희연 …… 93

할머니의 큰사랑 …… 98

장모님께 편지 올립니다 …… 103

선배가 후배에게 …… 105

김 선생의 비문(碑文) …… 109

校長 神父님께 보내는 편지 …… 114

행정실장님께 …… 117

시간은 공간보다 위대하다 …… 119

4부. 10년 후의 나

스마트폰 속의 만보기(萬步機) …… 126

안산천의 물고기들 …… 134

10년 후의 나 …… 137

자전거에 관한 단상 …… 142

유산 …… 146

아찔한 해안절벽(海岸絶壁)의 매력 …… 151

꽃향기 진동하는 언덕에 올라 …… 156

초록 플레어스커트 …… 159

5부. 귀가 아프다

귀가 아프다 …… 164

어느 선배의 죽음 …… 169

연명의료의 사회적 이슈 원인 …… 173

그리스도교의 혼인과 생명 …… 181

책을 펴내며

1939년 2월 10일에 태어나서 2019년 오늘까지 살고 있다. 100세 시대를 살다보니 늘 넓고 반듯한 대로(大路)만을 걸어올 수는 없었다. 좁은 골목길, 울퉁불퉁한 비포장도로, 험준한 등산로와 가파른 내리막길도 있었고, 피톤치드가 뿜어져 나오는 숲길과 해안선이 보이는 광활한 평지도 걸어왔다.

예정된 길이 있는가 하면, 뜻밖에 마주한 생판 모르는 길도 걸어야 했다. 무수히 많은 길을 걸어오면서 때로는 질주하고, 때로는 무거운 짐에 헐떡이면서, 때로는 쉬엄쉬엄 걸어가는 것이 나의 인생이다. 분명한 것은 이 또한 지나간다는 것이다.

앞으로 살아갈 날이 얼마 남지 않았지만 지나온 날들을 되돌아보니, 거기에 내 인생의 흔적이 있고 역사가 있었던 것 같다. 길은 험한 길이든 평탄한 길이든 나를 이끌어준 스승이었다.

2019년 가을에

김 석 준

〈추천의 글〉

우리 민족의 지난한 환경을 헤쳐 나온 한 어버이의 눈물겨운 증언

김순진(문학평론가 · 은평예총 회장)

김석준 선생님께서 첫 수필집 『어론리의 추억』을 상재하신다. 지난 해 첫 시집 『고무락엔 누가 있나』를 펴내신 지 1년만이다. 김석준 선생님과 내가 만나게 된 것은 몇 년 전 내가 안산제일교회에서 시창작강의를 하게 되었을 때다. 그때 김석준 선생님께서는 정말 열심히 시를 쓰고 시조를 쓰셨던 것으로 기억된다. 이후 김석준 선생님은 필자가 운영하는 계간 <스토리문학>에 시조시인으로 등단을 하셨다. 그리하여 김석준 선생님은 <동방문학>에서 시와 수필에 등단하시고 <스토리문학>에서 시조로 등단하셨으니 3분야에 걸쳐 모두 등단하신 이력을 가지고 계신다. 게다가 이 책 말미에 보면 논문 두 편이 실려 있다. 평론까지 잘 쓰신다는 말씀인데, 말하자면 문학의 멀티플레이어이신 셈이다. 이제 그는 못 쓰시는 분야가 없는 듯하다. 왜냐하면 그는 소설도 쓰고 계신다는 말씀을 들었기 때문이다.

사람들은 문학의 모든 분야에 걸쳐 글을 써내는 나를 보고 한 가지만 잘 써야 성공할 수 있다고 말한다. 그렇지만 나는 그렇게 생각하지 않는다. 나는 성공하기 위해 글을 쓰는 것이 아니라 행복한 글쓰기가 성공을 가져온다고 믿고 있다. 시로 묘사해야 하는 소재가 있고, 수필로 기술해야 하는 소재가 있으며, 소설로 서사해야 하는 소재가 있다. 마찬가지로 동화로 말해야 하는 소재가 있다. 그리고 이를 평하고 가치를 높이는 평론이 있다. 그렇게 시시때때로 달라지는 감정을 한 분야만으로 써내긴 어렵다. 그래서 나는 거의 모든 분야에 걸쳐 책을 출판했는데, 김석준 선생님의 생각이 그렇다는 생각을 해본다.

김석준 작가의 생각을 세 가지로 나누어 본다면 첫 번째는 고향에 대한 그리움이다. 김석준 선생님의 고향은 강원도 인제군 남면 어론리다. 그곳에서 일제강점기 시대에 태어나시어 어린 나이에 6.25동란을 겪으셨다. 그곳에서 피란과 보릿고개를 겪으셨고, 부모님과 형제들, 고향과 친척들로부터 지금의 유순하면서도 강인한 외유내강의 인성이 길러진다. 사람은 수구초심(首丘初心), 고향 쪽에 머리를 두고 눕는다고 했던가. 그가 인생 말년에 최선을 다해 펴낸 시집과 수필집 두 권이 모두 고향과 관련된 제목을 가지고 있으니 그가 얼마나 고향과 부모님을 그리워하는지 미루어 짐작할 수 있다.

두 번째는 국가와 사회에 대한 봉사정신이다. 그는 중학교 시절까지 고향인 인제 춘천 지역에서 보내게 된다. 그리고 서울의 교통고등학교에 진학하게 되면서 그의 국가관은 확립된다. 고등학교 졸업 이후 그는 군에 투신하시어 공병장교로 젊은 시절을 보내시고 영관장교로 예편하셨다. 반공이 국시였던 시기, 대화라든지 화해라는 말은 생각지도 못했던 당시 북한과의 관계에 있어 장교란 직업은 최선의 직업이었고 선망의 직업이었다. 지휘관의 판단에 따라 수많은 사병의 사기와 명예가 드높아질 수 있는 군대생활에서 그는 무엇이 국가를 위하는 일이며, 어버이 같은 마음으로 사병들을 대했을 터, 그런 마음들이 이 책의 곳곳에 묻어나온다. 그는 군에 몸담기 전 서울교통고등학교를 나왔는데, 이러한 이력이 훗날 영관장교로 예편한 후에 지하철공사에 근무하게 되는 수순을 밟기도 한다.

세 번째는 가족에 대한 지극한 사랑이다. 그는 지금 매우 어려운 시기에 있다. 너무나 사랑하고 자랑스럽던 아들 김윤진을 하늘나라로 떠나보내야 했고, 지금은 아내 옥정자 여사가 중증 치매를 앓고 있으며, 혼신을 다해 돌봐야 하는 크나큰 어려움을 겪고 계시다. 그렇지만 그는 그렇게 어렵고 힘든 과정에서도 글을 쓰고 마음을 다스린다. 그리하여 내가 건강하고 바른 정신을 가지고 있어야 아내도 더 오래 함께할 수 있다는 생각으로 생활한다. 그리하여 그를 우러르고 따르는 가족, 즉 딸과 사위, 며느리와 손자들에게도 자애로운 어버이, 훌륭한 어버이의 모습을 흐트러짐 없이 보이고 있는 것이다.

김석준 선생의 이력을 보면 참으로 존경스럽다. 직업전선에서 은퇴한 이후 그는 늦은 나이에 불타는 학구열을 보이고 있다. 그는 출중한 인터넷 실력이 가능해야 공부할 수 있는 고려사이버대학교 디지털교육과를 졸입하는가 하면, 가톨릭대학교 생명대학원 생명윤리학과에 석사과정을 수료하기도 하는데, 이는 가정과 건강을 돌봐야 하는 연만하신 연세에 보통사람의 노력으로는 할 수 없는 실로 존경스러운 일을 해내고 계신 것이다. 그뿐만이 아니라 그는 서울대학교 평생교육원 산문창작교실을 비롯하여 안산 시내에서 진행되는 갖가지 공부에 끊임없이 참여하면서 자신을 계발하고 계도해나간다.

이상에서 보는 바와 같이 김석준의 수필은 고향에 대한 그리움, 국가와 사회에 대한 봉사정신, 가족에 대한 지극한 사랑이 들어있다. 김석준의 수필은 수필이 요구하는 정서 순화, 사건 보전, 문화 공유, 개인 발전, 사회 참여 등 맛깔스런 요소들을 두루두루 갖춘 글이다. 그의 글감은 시대를 함축하고 있어 독자를 추억으로 끌고 들어가서 동병상련의 아련한 기억 속을 헤매게 하는데 충분하다. 거기에 그치지 않고, 그는 뚜렷한 주제를 잘 형상화시킴으로써 한 시대를 읽는 묘미를 독자들에게 아낌없이 선사하는 그런 수필가다. 솔직한 회고를 바탕에 깐 김석준의 수필은 사랑과 봉사라는 강력한 메시지를 담고 있어 읽는 사람으로 하여금 은연중에 국가관과 사회관을 재확립할 수 있는 기회를 부여한다.

이 수필집은 그가 평생 살아온 길이 어떤 길이었으며, 어떤 생각으로 살아오셨는가를 가늠할 수 있는 수필집이다. 우리는 그로부터 일제강점기와 6.25동란, 반공의 시대와 가난극복이라는 암울했던 우리 민족의 지난한 환경을 헤쳐 나온 한 어버이의 눈물겨운 증언을 듣고 있다. 이처럼 꿋꿋한 삶을 사신 김석준 선생님께 우레와 같은 박수를 보내드린다.

1부
이루지 못한 첫사랑

나의 고향 인제

나의 본적은 인제군 남면 어론리(於論里) 582번지이다. 그런데 해방이 되고 소양강을 경계로 38선이 남북을 갈라놓으면서 홍천군 신남면 어론리로 행정구역이 바뀌었다. 지금은 면사무소가 신남에 있지만 38선이 그어지기 이전에는 관대리에 면사무소가 있었다.

제2차 세계대전이 연합국의 승리로 끝나고 우리 배달민족의 의지와는 관계없이 모스크바 삼상회의에서 미국의 루즈벨트, 소련의 스탈린, 중국의 장개석, 영국의 처칠 등이 한반도를 양분하면서 38이북에는 소련군이 진주하고 이남에는 미군이 진주하면서 인제군 남면은 두동강이 나서 관대리에는 인공기가 펄럭이고 홍천군으로 편입된 신남면 어론리에는 새로운 면사무소가 생겨서 태극기가 휘날리게 되었다. 아……! 슬프도다. 약소민족의 설움은 이렇게 시작되었고, 나의 운명과 우리 가족의 운명은 이때부터 회오리바람 속으로 빠져들기 시작하였다. 1939년에 김홍식 아버지와 이광순 어머니 사이에서 생(生)을 받은 김석준의 운명은 형극의 길을 걷기 시작하였다.

지구적인 크기의 토네이도가 한반도 전체를 휩쓸고 지나갔으며 그 와중에서 1950년도 제1파가 나의 고향 인제 일원을 휩쓸고 있었으니, 그해 6월 25일, 어론 초등학교 5학년생인 나는 마침 그날이 일요일이었음으로 초여름의 햇볕이 쨍쨍한데 나는 뽕나무에 올라가 오디를 따먹고 있었다. 그런데 피난민이 38선 쪽에서 올라오고 있는 것이다. 조금 있으니 딱쿵 총소리도 들리고 대포소리도 들리는 것 같았다. 나는 지난번에도 장남까지 피난 갔다가 돌아온 적도 있고, 두촌까지 갔다가 돌아온 적도 있었다. 6.25전에도 일진일퇴를 거듭하는 38선의 충돌이 있었으나 아군 트럭이 군가를 외치며 북진하면 수복했다고 3일 만에 돌아온 적도 있고 일주일 만에 돌아온 적도 있었다. 그날도 또 그러려니 하고 가볍게 개나리 피난 보따리를 이고 지고 거리고개를 넘었던 것이었다.

그러나 이번엔 그게 아니었다. 두촌을 거쳐 홍천을 지나 삼마치 고개를 넘는데도 피난민 무리는 계속 커지고 이어지면서 남행을 계속하였다. 횡성군 공근면에 이르니 아니 벌써! 인민군이 먼저 도착해서 공화국 천지(天地)가 되어 있는 것이었다. 어떻게 북한군이 전광석화(電光石火) 같이 앞질러 우리를 포위하고, 이제 고향으로 돌아가란다. 우리는 더 이상 남쪽으로 피난을 못하고 집에 돌아가 적치(敵治) 90일의 생활이 시작되었다. 신남 면사무소는 불타버렸고 신작로에는 완장을 찬 노동당원이 활보하고 다녔고, 지서가 있던 자리에는 내무서원이 김일성 노래를 부르며 들락거렸고 안 모퉁이에 있던 우리 집에는 인민군이 차지하고 소대인지 중대인지 숙소로 쓰고 있었다. 우리 가족은 사랑채, 뒷방에서 생활할

▲ 좌로부터 아버지 김홍식 선생과 어머니 이광순 여사

수 없었다.

당시 홍천군 신남면장은 김○○라고 했는데 아들이 서울농대 학생이 하나 있었고, 춘천농고 학생도 있었다. 하루는 불타버린 면사무소 건물자리를 청소하고 정리하는 자리에서 금고 비슷한 4각 철제박스가 발견되었다. 누군가가 부러뜨리려고 도끼질을 하는데 내 친구 진기 아버지가 "이 사람아! 아군이 다시 돌아오면 다시 쓸 것인데."라고 하니까, 6.25동란 발발 전 이북 어디에서 살다 넘어와서 우리 동네에 살면서 이집 저집 농사일 도우면서 사는 손○○이라는 사람이 역기 들듯이 반짝 머리 위로 치켜들고 "삼천리 강산에 배추 한 폭이 안 심어먹고 살았나, 간나 새끼!"라고 하면서 벼랑으로 내동댕이치려고 하였다. 주위 사람이 뜯어 말려서 거기에서 끝났지만 그 후로 그 사람은 빨간 완장을 잘 보이게 양쪽 팔에 더 높이 차고 흔들면서 온 동네를 설치고 다녔다.

며칠이 지나니 여성동맹위원장이 탄생하고 학교 문이 열리고 등교하라고 해서 학교에 나가보았다. 애국가 대신 김일성 노래를 가르치고, "깃대봉 아래 뜰에 우뚝 서있네 장하도다"라는 우리의 어론학교 교가대신 빨치산 노래를 가르쳤다. 특히 김종○선생이 주도적 역할을 하였다. 그해 여름은 왜 그렇게 덥고 길었는지 모르겠다. 특히 9월 하순 어느 날, 서쪽하늘이 붉게 타면서 칠흑같이 어두운 밤을 서광이 번뜩이고 아주 먼 하늘에서 천둥 같은 소리가 들려왔다. 농대생, 농고생이 낀 동네 청년들로 조직된 결사대(決死隊)가 준동하고 있었다. 그 결사대원 중 한 사람이 자기 마누라에게 몇 월 며칠 디데이를 귀띔해주고 그날은 장모님에게 내무서에 가지 말라고 한 것이 마지막 말이 되었다. 여성위원장인 장모가 그대로 내무서에 고발하였고, 그날 밤 결사대원 전원이 철사 줄에 꽁꽁 묶인 채 체포되어 인민군 스리쿼터에 태워서 사라진 뒤, 오늘날까지 소식이 없다. 공산당에 의해 동네 청년, 학생들이 떼죽음을 당한 것이다.

사랑이 무엇인지도 제대로 모르는 두메산골 청춘 남녀가 가족 구성원인 딸과 어머니가, 남편과 아내가, 사위와 장모 사이가 하루아침에 원수가 되고, 죽이고 살리는 짐승이 되어버린 것이다. 어론리 1,2구를 합쳐도 아랫말 윗말, 양골 절골 갑둔리를 합쳐도 100여 호도 안 되는 농촌마을이 면사무소가 있었기에, 지서가 있었기에, 군부대가 있었기에 얽히고설켜 인생 역전이 된 것이다.

역설적이게도 적치 90일이 끝나고 아군이 들어왔을 때, 김 선생과 손○○은 월북하지 않고 있다가 대한민국 경찰에 체포되어 거리고개 신작로에서 총살당했다.

1953년 7월 27일 휴전이 되었을 때, 휴전선이 포물선 그래프를 그리면서 중동부 전선이 38선보다 훨씬 북쪽으로 DMZ선이 그어지면서 인제군 전체가 수복되었다. 그러나 면사무소 자리는 관대를 못 찾고 신남리에 그대로 존재하면서 해방공간의 아픔과 6.25의 상처를 간직한 채 군사적 중요성은 그대로 간직하고 있다. 옛날 관대리 면사무소 자리에는 0군단 사령부가 위치하여 전방 0개 사단을 지휘하며 동부전선을 철통같이 경계하며 디엠지역을 담당하고 있으나 군단사령부는 인제군 내 다른 곳으로 이동했으나, 옛날에 없던 인양교, 새로운 38교 군축교 등이 남면 지역이 대한민국의 삶을 지탱하고 있다는 생각이 새롭다.

1973년 소양댐이 다목적으로 건설됨으로써 29억 톤의 물이 저장되어 호수 변 환경이 개념을 달리하고 부평리에는 도하작전을 위한 부교중대가 존재한다.

어론리(於論里)의 추억

나의 증조부이신 김백선 할아버지는 1853계축(癸丑)년에 강원도 인제군 남면 어론리 582번지에서 태어났다. 경주김씨 계림군파, 1세 균(稛)으로부터 19세인 김정연(金正璉)의 독자로 태어나 세 아들을 낳고 뿌리를 내렸으니, 지준, 지철, 지호였다. 나는 지준의 장손으로 위 어론리 582번지(番地)에서 1939년 2월 10일 일제식민지 치하에서 태어났다. 할아버지들은 살아생전 청일전쟁(1894년)과 노일전쟁(1905년)을 말로만 듣고 세상을 떠났다.

나의 일본 이름은 가네모도 하꾸중이었다. 나하고 아래윗집에 살며 거리상으로나 마음속으로나 제일 가까운 동무이기도 했던 진기가 매일아침 와서 '가네모도 햑구중'하면 '하이!'하고 뛰어나가 마중하고 하루 온종일 깍지 광에 들어가서 서로 자기 고추를 주무르면서 시시덕대고 놀았다. 그때는 놀이기구도 없었고 라디오도 없던 시절이었다. 그러다 비행기 날아가는 소리가 나면 밖에 나가서 '히꼬끼 히꼬끼 덴노하이까 반자이'를 외치고 들어왔다. 그리고 심심하면 '마에스멧 교스겟'을 반복하면서 차려 자세를 취하면 그것이 군사 놀음이었다. '센또보시'를 쓰고 각반을 치면 꼬마병정이 되어 '덴노헤이까 반자이'를 복창하면서 두 손을 번쩍 들어 만세 부르는 시늉을 취하는 것이 놀음이고 군대 훈련이었다. 참으로 무서운 세상이었다. 하루는 면서기(書記)가 니뽄도 긴 칼을 차고 우리 집에 와서 태청마루 바닥을 뜯으라는 것이었다. 그리고 그 속에 조상 제사 때 쓰려고 감추어두었던 하얀 쌀을 몽땅 가져갔다. 정말 나쁜 놈들이었다. 식민지 백성은 그렇게 서럽고 맥을 못 추는 민초들이었다. 미국에 건너가 독립운동한 사람들만 고생한 것이 아니고, 시베리아 만주벌판에서 독립군으로서 싸운 사람들만이 고생 한 것이 아니고, 이 땅에 살고 있는 조선 백성들 전체가 조국의 독립을 위해 군자금을 대가며 고군분투했다.

1945년 초여름 날이었다. 2차 세계대전에 패색이 짙은 일본군국주의가 마지막 죽음의 몸부림을 치는 시기였다. 보슬비가 아침부터 내리는 날이었다. 나는 안방에 있다 지루해서 사랑방에 갔다가 불현듯 외갓집 생각이 났다. 센또보시를 눌러쓰고 보슬비를 맞으며 외갓집으로 출발했다. 외갓집은 양골에 있었으며 꽤 먼 길이었는데 부모님한테 고하지도 않고 슬며시 나간 이유가 무엇일까? 집에서는 아무도 찾지 않았다. 안방에서는 사랑방에서 새끼 꼬는 아빠 옆에서 놀겠거니 생각했고, 사랑방에선 안방에서 길쌈하는 엄마 곁에서 놀겠거니 생각했을 것이다. 굵어진 빗줄기가 주룩주룩 소리치며 내릴 때 7살 어린아이는 울면서 대문을 들어섰다. 온 집안 식구가 놀라서 뛰어나와 어떻게 된 거냐고 물었다. 어린 유년의 남자아이는 외할머니가 엿 먹으러 오라고 해서 가다가 개울물이 불어난 돌다리를 건너든 중 뛸까 말까 망설이다 딴에는 힘차게 건너뛴다는 것이 풍덩하고 물속으로 빠져 허우적대며 떠내려가다 나왔다는 것이다. 일본 구주탄광에 징용으로 끌려간 외삼촌에게 엿을 만들어 보낸다는 외할머니 말을 듣고 행한 탈출이었던 것이다. 일제강점기 말기에 조선인의 피를 빠는 식민정책은 이렇게 강원도 인제 두메산골 북한강 상류 소양강 원류가 흐르는 어론천(川) 개울가에서 부모형제가 단란하게 모여 사는 가정에도 풍지풍파를 일으키는 스토리를 연출하면서 여름날의 하루가 지나가고 있었다.

나는 깃대봉 밑에 넓게 자리 잡힌 할아버지[1] 집으로 달음박질치며 달려가고 있었다. 그리고 바깥마당으로 들어가기도 전에 아버지[2]가 할머니 시체를 가로로 업고 내려오는 모습과 조우했다. 앞뒤에서는 다른 가족이 울며불며 따라오고 있었다. 뒷산 밤나무에 목을 매달고 목숨을 끊은 작은할머니의 시체였다. 전날 왜놈지서에 끌려가 일본 순사에게 고춧가루 물고문을 고통스럽게 당하고, 내일 12시까지 다시 오라는 엄포에 그 공포를 이기지 못하고 스스로 생을 마감한 것이다. 얼마나 분하고 원통한 일인가? 곧 해방될 시간에서 12시까지만 참았으면 죽지 않아도 될 운명을 한치 앞을 못 내다봐 자식을 버리고 남편을 버리고 하늘나라로 가셨으니 말이다.

『운명의 1도』라는 한국전쟁 회고록을 쓴 사람은 에드워드 로우니(Edward L. Rowny) 장군이었다. 인천상륙작전 부대인 미 제

---

1) 할아버지 함자는 김지철
2) 아버지의 함자는 김홍식이었음.

▲ 아내 옥정자 마리아와 김석준 요셉의 캐리커처

10군단의 공병여단장을 지냈고, 1971년 한미 제1군단이 창설될 때 초대 군단장을 역임했던 에드워드 로우니 장군은 책에서 다음과 같이 기록했다. "경계선이 1도 더 올려서 39도 선에서 평양과 원산을 잇는 선(線)으로 그어졌다면 세계역사는 달라졌을 것이다." 라고……? 그러나 38선이 그어지는 바람에 내 운명까지도 180도로 방향을 바꾸어 놓았다.

나는 삼팔선 부근에 있는 초등학교를 다녔다. 그래서 봄 소풍이나 가을 소풍 때는 삼팔교(三八橋) 부근에 자리를 잡고 하루를 보냈다. 인제로부터 흘러오는 강줄기는 소양강을 이루어 한강을 살찌우며 서울까지 삼국시대로부터의 역사를 밑바닥에 쌓으며 유유히 흐르고 있었다. 강 건너 면사무소가 있는 관대리에는 인공(人共)기가 펄럭이며 로스께[3]가 왔다 갔다 하고 38교 이남에는 새로운 면사무소(面事務所)가 생기드니 홍천군 신남면이 되었다. 38선이 그어지더니 같은 면이 남북으로 쪼개지어 북쪽에는 인제군 남면(南面) 남쪽에는 홍천군 신남면으로 행정구역이 바뀌었다. 그리고 면사무소(面事務所)는 내가 살고 있는 어론리(於論里)에 위치하였다. 그러더니 쏜살같이 미군(美軍)이 나타나고 군부대(軍部隊)가 나타났다. 내 본적지도 주소가 강원도 홍천군 신남면 어론리 582번지로 변경 되었다.

이 무슨 어처구니없는 일인가? 38선은 마을을 갈라놓고 민심(民心)을 갈라놓고, 생활방식도 학교교육도 이승만 방식과 김일성 방식으로 생판 다른 방식으로 굴러가기 시작했다. 그러더니 결국 6.25전쟁이 터지고 말았다. 내 의사와는 전혀 관계없이, 내 부모 내 형제 우리 마을 누구의 생각과도 관련 없이 돌아가는 운명의 수레바퀴는 누가 돌리고 있단 말인가?

1953년 봄에 나는 원주(原州)에서 피난민 학교인 일산초등학교 명륜분교(分校)를 졸업하고 재원주 춘천중학교(春川中學校)[4]에 입학하였다. 전쟁의 일진일퇴 속에서 원주에는 강원도청(江原道廳), 춘천농대, 춘천중고등학교, 춘천여고, 춘천사범학교 등이 재원주라는 접두어를 붙이고 전부 원주에서 문을 열고 있었다. 마치 서울대학교가 피난수도 부산에서 개교하고 있는 것처럼. 그때 내가 다

3) 러시아 군인은 그렇게 불렀음.
4) 춘천중학교가 전쟁으로 인해 원주로 잠시 피난을 가서 개교하였음.

니는 춘천중학교는 봉산동 쌍다리 건너 원주초등학교 울타리 안에 있었는데 매일 학교에 가면 공부는 별로고 휴전반대 데모로 시간을 보내야 했다. “물러가라 체코!” “북진통일!” “맥아더는 만주에 원자탄을 투하하라!” “우리는 휴전을 결사반대한다!” 등을 외치며 스크럼을 짜고 쌍 다리를 건너 11자로 뻗어있는 시내 도로를 A도로를 따라 원주 역전까지 갔다가 다시 B도로 명륜동 개운동을 거쳐 고적대밴드를 앞세워 한 바퀴 돌고 때에 따라서는 두 바퀴 더 돌고 데모로 시작해서 데모로 끝나는 학교 일과였다. 그러나 그것도 우리 의지와는 관계없이 7월 29일 휴전은 성립되었고 피비린내나는 민족상잔도 일시 멈춘 것이 오늘에 이르고 있다.

아니 3차 세계대전이 일어날 뻔 했던 6.25전쟁은 세계 16개국의 청년들이 피를 흘리며 싸웠고 부산앞바다까지 밀렸던 대한민국은 인천상륙작전으로 전세를 뒤엎었으나 모택동이 아들까지 죽이면서 수십 만 대군의 인해전술로 덮치는 바람에 통일의 꿈은 물거품이 되었고 “어제 날 우리역적 북한 괴뢰들 우늘의 큰 원수 중공이라네……, 북만주의 흥안령 산서의 땅이 우리 조상의 땅”이라고 외치며 데모했던 그 소년이, 중학교 1학년생이 지금 벌써 80을 바라보고 있으니 아! 과연 통일이 오겠는가!

나는 가난이 싫었다. 전쟁 끝이라 모두 가난했지만 나에게는 희망이 없었다. 농사일을 천직으로 알던 아버지는 휴전이 되어 모두 고향으로 돌아가라 했지만 고향에는 농사지을 땅이 한 평도 없었다. 대대로 물려받으며 농사짓던 논밭이 군주둔지로 징발되어 빈털터리가 되었다. 아버지는 한을 품고 이미 하늘나라로 가셨고,

어머니는 더 오래 전에 다른 세상으로 가셨다. 농사짓던 논에는 공병대(工兵隊)대와 병기대대(兵器大隊)가 지금도 주둔해있고, 우리 산자락에는 탄약 보급소가 주둔해있더니, 지금은 과학부대용 고층아파트가 여러 동 차지하고 있다. 우리 마을은 역사적으로도 요충지(要衝地)였나 보다.

홍천군과 인제군의 경계를 이루는 거리고개를 넘으면 첫 마을이 고향(故鄕) 어론리인데 조금 내려가면 과학부대 훈련장으로 가는 전술 도로가 나오고 1KM쯤 더 내려가면 3거리가 나오고 마의 태자가 1000년 신라의 원한을 품고 금강산 가는 길에 부대를 편성해 훈련을 하였다는 김부리, 갑둔리가 나온다.

나는 이곳에서 6.25전 초등학교 5학년까지 다녔다.

이루지 못한 첫사랑

"2016년 7월 19일자 동아일보에는 대학병원 신생아실 결핵 날벼락"이라는 기사가 났다. 그 기사를 보니 몇 십 년 전 내가 유기모 선생으로부터 들은 말 '나는 결핵(?)'이라는 말이 뒷골을 때렸다.

1952년 5월의 어느 날 나는 강원도로 돌아오는 피난민 복귀 화물트럭 위에 앉아 있었다. 내수리 다리 부근을 지날 때 나는 유기모라는 단발머리 소녀의 얼굴을 보았다. 웃을 듯 말 듯 눈빛만 주고받는 사이 트럭은 벌써 내수초등학교 앞을 지나서 증평 쪽으로 달리고 있었고 그녀의 모습은 시야에서 사라졌다. 그 단발머리 소녀는 이지적인 얼굴 외모가 아주 인상적이었다. 소리 내어 웃는 모습은 기억이 없고, 미소를 머금고 조용하였다. 나는 그러한 모습이 한없이 좋았다. 그 소녀, 그 학교를 뒤로하고 나는 지금 강원도 인제 38선 부근 고향산천을 향해 달리고 있는 것이다.

내가 어머니의 손을 잡고 내수초등학교를 찾은 것은 1951년 12월 9일이다. 5학년 2반 교실 복도에서 한상덕 선생님은 내 흐트

▲ 대한민국예비역영관장교연합회 - 중국 상해 임시정부 터 방문

러진 윗도리 단추를 여며주며 말씀하셨다. “우리 반에는 서울서 피란 온 애들도 있고, 너도 강원도에서 피란을 왔으니 떨어지지 말고 열심히 하여라.” 나는 옆에 앉은 짝꿍 이재백의 참고서를 빌려서 거의 다 베끼면서 공부했다. 전쟁 중이라 종이도 없고 연필도 없어서, 구호물자 시멘트포 종이에 주인집 학생이 쓰다버린 철필 펜촉에 들풀을 찌어서 만든 풀물을 잉크라고 찍어서 글씨를 썼다. 6학년 올라갈 때 기모가 일등을 했고 나는 그 다음으로 승급했다. 아침 전체조회시간에는 1반 김OO 반장이 학교 운동장 바로 교단 앞에 서서 지휘를 하고, 다음 주에는 내가 2반 반장으로 바로 그 자리에서 “전체 차려어엇! 교장선생님께 경례!”라는 구령으로 조회를 지휘했다. 나는 무척 자랑스러웠다. 피난민 학생이 전교생을 지휘하는 것이 질투의 대상이 되기도 하였다. 그러다 보니

5월 5일 어린이날 체육대회 때는 청군 백군의 점수 집계도 내가 선발되어 하게 되었으니, 5개월 다닌 학교지만 두각을 나타낸 발자취를 남기고 이별을 한 것이다. 유기모라는 단발머리 소녀도 나를 확실히 기억할 수 있을 것이다. 한 번은 이런 일도 있었다.

전쟁 때라 교과서 없이 수업을 하는데, “저기 저기 저 도령 글 읽는 도령 / 소리 소리 듣기 좋게 잘도 읽는다.”라고 하는 동요가 선생님 혼자 갖고 있는 교과서에 수록되어 있었다. 그 운에 맞추어 동요를 지어 오라는 숙제가 있었다. 나는 1.4후퇴 피난 나올 때 영하 17도의 살얼음 낀 남한강을 발가벗고 건너던 생각이 뼈에 사무쳐 운에 맞추어 동요를 지어 갔다. 다음날 발표시간에 숙제해온 사람 손들고 나와서 읽으란다. 나는 ‘할까 말까’ 망설이는데 옆 친구가 자기가 하겠다고 내 것을 달란다. ‘아니다. 내가 할란다.’하고 일어나서 낭랑한 목소리도 읽어 제켰다.

나는 “고향을 뒤로 하는 피난길에서 울고 또 울고 / 외국 군인들도 우리나라를 돕기 위해 왔다는데…….” 등으로 얼버무렸다. 선생님은 크게 칭찬하고 앞에 나와 내가 지은 노랫말을 흑판에 쓰란다. 그리고 반 학생 전체가 소리 내어 읽고 그날 수업을 끝 마쳤다. 그날 이후 선생님은 국군장병에게 위문편지를 써오란다. 그리고 내가 쓴 위문편지를 흑판에 써놓고 전체 반 학생이 베껴서 전방위문 편지를 보낸 적도 있다.

선생님은 청주사범학교를 갓 졸업하고 오셨다. 이 세상에서 가장 예쁘고, 상냥하고, 친절하셨다. 선생님이 나를 무척 예뻐하면 아이들은 내가 깡통을 찼다고 놀렸다. 나는 지금도 그 말이 무슨 뜻인지 오른다. 떠나던 날 아침밥은 선생님 관사로 오라고 해서 인자한 선생님과 함께 식사도 하고 사진도 찍었다. 그런데 집이 화재를 당해서 그 사진도 추억도 연기로 날리고 말았다.

그 뒤로 세월은 쏜살같이 흘러서 8년의 세월이 흐른 뒤 나는 육군 소위 계급장을 달고 그녀의 집을 찾았다. 그 소녀의 집 앞에서 나는 긴장했다. 내 모습을 알아볼까? 휴전이 되었다고 하지만 군을 직업적으로 좋아할까? 너무 무례한 짓은 아닐까? 잠시 후 문을 열어준 사람은 유기모가 아니었다. 어디서 왔느냐고 물었다. 내가 피난 와서 학교 다닐 때 한 반이었다고 말하니 깜짝 놀라는 눈치였다. 당시는 5.16혁명이 일어난 해였고 늠름한 육군소위 복장이 어울리는 건장한 청년이었음으로 자랑스러워하는 분위기였다. 그리고 유기모는 사범학교를 졸업하고 지금은 괴산군 내 도안 초등학교 교사로 발령받아 부임지에 있다는 것이다. 그때는 전화도 없던 시절이라 편지할 수 있는 주소만 확인하고 나는 내 소속인 백골(白骨)부대로 복귀하였다.

나에게는 풋사랑이고 첫사랑으로 기억된다. 고향도 못 가고 역시 타향인 원주시 개운동 산등성이에서 집단 피난민 촌락에 살았다. 어느 날 시내 샛별 사진관 앞을 지나다 깜짝 놀랐다. 사진관 윈도우 벽안에 나를 사랑으로 보살펴준 한상덕 선생님 사진이 걸려 있었다. 풍문에 선생님이 사랑을 나눈 반려자가 백마고지 전투에서 산화했다는 것이다. 그런데 사진관 얘기로는 그 여자는 양공주 사진이란다. 전쟁 기간 동안 국가의 명운만이 아니라 개인의 운명도 여러 개의 쌍곡선을 그리며 삶을 담아내고 있는 것이다.

유기모 선생님 앞으로 "보고 싶다"고 편지를 썼다. 얼마나 변했는지 짐작할 수 없다고 했다. 오랜 침묵 끝에 편지가 왔다. 자기는 결핵이 있어서 상대할 수 없다는 것이다. 펜팔만 하자는 것이다. 나는 현대의학으로 고칠 수 있는 병이니 이해하면서 인생을 설계해보려 했다. 한 교실에서 공부한 공통분모를 갖고 나라 사정으로 만났다 헤어져서 8년 만에 장교복장을 한 청년이 집에 다녀갔다는 말을 듣고 무슨 생각을 했을까? 당시 중고등학교 교과서에는 모윤숙 시인의 「국군은 죽어서 말한다」가 실려 있었다.

산 옆 외딴 골짜기에 혼자 누워있는 국군을 본다
그대는 자랑스런 대한민국 육군 소위였고나
엎드려 그의 죽음을 통곡하며 나는 듣노라 그대가 주고 간 마지막 말을…
나는 달리었노라 이순신 같이, 나포레옹 같이…, 앞으로 진격 또 진격….

나는 그 시를 외우고 또 외우곤 했다. 너무나 가슴에 와 닿았다. 또래의 유 선생도 교과서에서 배운 생각에 각별한 느낌이었는지 답장 편지가 왔다. 열렬한 편지가 전방에서 후방으로, 후방에서 전방으로 왔다 갔다 하면서 새로운 사랑의 감정이 싹트기 시작했다. 나는 무조건 좋았다. 밤이면 이불 속에서 온갖 공상을 하면서 그래도 잠이 안 오면 일어나 편시를 썼다. 이지석인 눈매, 포근한 인상, 멍든 가슴을 녹여줄 것 같은 품속, 어머님 품속을 파고드는 어린 아기 같은 심정으로 그리워하는 것이 날이 갈수록 절실해지는 것이었다.

'사랑하는 유기모 선생님!' 이렇게도 불러보고, '기모야!' 저렇게도 불러본다. 그러나 T.B가 두 사람의 일생을 불편하게 할 것이라는 의사 같은 말을 남기고 연락이 두절되었다. 나도 최전방 소대장 임무에 긴장되고 눈코 뜰 새가 없었다. 박정희 국가재건 최고회의의장이 사단을 방문한다고 하여 새벽에 중대장한테 전갱이를 채이면서 진입로 지뢰탐지도 나갔고, 비무장지대 G.P 막사작업도 완료했으며, 개활지 장벽지뢰지대도 설치하였다.

와중에 최춘자라는 이름으로 편지가 왔다. 내용인즉 유기모 선생이 고민을 하고 있다는 것이다. 집에서는 선을 보라하고, 석준(錫俊)을 잊지 못하고 있으니 나보고 대시하라는 것이다. 최춘자는 같은 반일 때 학교 바로 앞 병원장의 딸이었는데, 유기모 선생과 많은 대화를 한다는 것이다. 그러나 나는 사랑타령만 할 수 없는 국방의무를 최우선으로 하고 있는 군인(軍人)이다. 그렇다고 로미오와 줄리엣 흉내를 낼 수도 없고.

세상은 넓기도 하고 좁기도 한 모양이다. 수십 년이 흐른 금년 봄 어느 날, 고등학교 친구 세 사람이 대공원에서 만나 둘레길 내부 산책로를 돌고 그는 있었다. 무슨 얘기 끝에 곽무남[5]이 유기

5) 그는 청주중학교 출신이니 청주사범 출신들과도 알 수 있을 것이다. 더군다나 자기 마누라와 친하다는 것이다.

모를 안다는 것이다. "그래? 행복해?" "어디 살지?"라고 물었더니 '이 세상 사람이 아니라는 것이다.' 아……! 인생(人生) 일장춘몽(一場春夢)인 것을. 나머지는 소설로 작품화하고 싶다. "창작물을 만들고 싶다"는 꿈이, 욕심이 생긴다.

고통

1.4후퇴 때, 나는 12살 나이로 온 가족과 피난길에 올랐다. 원주에서 장호원을 거쳐 음성 쪽으로 가던 중, 세 개 도(道) 즉, 강원도, 경기도, 충청북도의 경계가 만나는 꼭짓점의 마을에서 남한강을 건너게 되었다.

어떤 사람은 얼음 위로 건너다 풍덩 빠져 둥둥 떠내려간다. 피난보따리 짐을 싣고 가던 소도 물결에 휩싸여 떠내려간다. 살풍경이 눈앞에서 벌어지고 있었다. 뒤에서는 중공군이 쫓아오고 있다는 뒤숭숭한 혼란 속에서, 우리 가족도 피난민 대열에 파묻혔다. 할머니, 아빠, 엄마, 고모, 나, 5촌 당숙, 6촌 등 온 가족이 살을 깎는 겨울 영하 17도의 찬 물속에 뛰어들었다. 손에 손을 잡고 건너다보니 주위에는 손을 놓쳐 아이도 떠내려가고 가재도구도 떠내려가는 아비규환의 상황이었다.

겨우 겨우 건너서 강변에서 나무를 주어다 불을 피워 놓고, 강가에서 반은 얼고, 반은 마른 듯, 마는듯한 옷을 걸치고 마을로 들어갔다. 모두 피난 간 빈집에서 오들오들 떨면서 밤을 지새우는데 그 고통이란 지옥과 같았다.

"고통스런 것은 인간적이다."라는 말이 있다. 인간이기에, 언젠가는 스러져야 할 무상한 인간이기에 고통스런 것은 인간적이라는 말이겠다. "인생은 기껏해야 칠십년, 근력이 좋아야 팔십 년. 그나마 거의가 고생과 슬픔이오니 덧없이 지나가고, 우리는 나는 듯 가버리고 마나이다.(시편 90, 10)"이라는 시편의 말씀처럼 고통스런 것이 인간적인 것인 만큼 삶의 여정을 얘기할 때 고통을 빼놓을 수는 없다.

옛날이나 지금이나 인간 세상에는 누구에게나 어느 집단에게나 고통은 따라 다니는 모양이다. 가톨릭 신자였던 케임브리지 대학의 C.S루이스 교수는 자비와 사랑의 하느님을 믿으면서 한평생을 독신으로 살아왔던 사람이다. 그는 늦은 나이에 사랑하는 사람을 만나 결혼하였는데, 그의 부인이 얼마 안 되어 병으로 죽는다. 그는 사랑하는 아내를 갑작스레 잃고 나서 하느님께 간절히 매달리면서 위로받으려 한다. 하지만 그가 하느님으로부터 받은 느낌은 냉랭한 무관심과 차가운 침묵이었다. 이러한 체험은 그가 전에 하느님에 대해서 가졌던 좋은 인상을 뒤집어 놓았다.

고통 중에서 잔인한 하느님, 인간을 때리시는 하느님을 보기는 정말 쉽다. 역시 가톨릭신자인 소설가 박완서 씨도 남편을 사별한 뒤 불과 1년도 안되어 외아들을 잃게 된다. 그녀는 하느님을 잔인한 하느님으로 보게 된다. 마취과 전문의과정 중에 있던, 미래가 창창했던 26살밖에 안 된 외아들이 죽는다. 발작하다시피 십자가를 땅바닥에 내팽개치기까지 하였다고 한다.

"온종일 신을 죽였다. 죽이고 또 죽이고, 일백 번 고쳐 죽여도

▲ 2006. 8. 19. 한국디지털대학교 졸업식에서 총장님과 함께

죽일 여지가 남아있는 신이다. 증오의 마지막 극치인 살의(殺意), 내 살의를 위해서도 신은 있어야만 해." 하지만 박완서씨 자신이 얘기하듯이 그 원망과 울부짖음은 하느님이 계심을 믿기에 할 수 있는 행위였다. 하느님은 피조물에게 생명을 주신 분이기에 그 하느님에게 책임을 물으며 울부짖었던 것이다.

먼 훗날 상처가 어느 정도 아물게 되었을 때 박완서 씨는 "만일 그때 나에게 포악을 부리고 질문을 던질 수 있는 그분조차 안 계셨더라면 나는 어떻게 되었을까 가끔 생각해 봅니다. 살긴 살았겠지요. 사람 목숨이란 참으로 질기고 모진 것이니까요. 그러나 훨씬 더 불행하게 살았으리라는 것만은 눈에 훤히 보이는 듯합니다."라고 고백을 하였다.

1950년 겨울 차디찬 강물 속으로 알몸으로 떠내려갔다. 죽고 다치고 오들오들 떨면서 밤을 지새우는 그 자리에 하느님만은 없었다. 오늘날 문학과 철학 서적 속에서 하느님을 원망하는 목소리는 얼마든지 찾아볼 수 있다. 인류역사는 고난의 역사다. 고통 받는 이들의 대명사인 구약의 욥[6]은 어디에서나 발견된다.

6) 마녀로 판결 받아 화형당한 이, 성노예로 끌려가 무참하게 짓밟힌 이, 아우슈비츠의 가스실에서 죽은 이, 휠체어에 실려 다니는 이, 암으로 죽음을 맞이하는 모든 이가 욥이다. 욥은 어디에나 있다. 아프리카에서는 기아에 시달리고, 북한에서는 강제수용소에서 시달리고, 공개총살에 시달리고, 또한 욥은 끝장난 부부생활, 파탄으로 허물어진 가정, 공허하게 살아가는 이웃, 20대 청년 실업자, 정년퇴직의 기로에 선 4,50대, 요양원에서 고독하게 흘러가는 시간을 아쉬워하는 70대 80대의 평범한 보통사람 가운데에도 욥 은 있다. 고통 때문에 이제 내 인생은 끝났다고 결론을 내리고 절망하지 말라. 우리 삶은 한 가지 고통으로 인하여 쉽게 부서지지 않는다. 얼마나 질긴 삶인데 그리 쉽게 부서지겠는가! "한 지체가 고통을 겪으면 모든 지체가 함께 고통을 겪습니다. 한 지체가 영광을 받으면 모든 지체가 함께 기뻐합니다."그리고 공통된 고통 안에서 하느님의 도우심이 있다면 용서, 화해 그리고 평화가 싹틀 수 있습니다.(교황 프란치스코, 지음, 성염 옮김, 소담출판사, 2014. 6. 10. 148쪽)

고등학교 시절 세 친구의 追憶

우리 학교 주소는 서울특별시 용산구 한강로 3가 63번지 서울교통고등학교[7]였다. 지금은 그 자리에 고층아파트가 즐비하지만 당시에는 제1공화국시절 12개 부처 중 하나인 교통부가 한 울타리 안에 있었고, 우리 학교는 교통부 조직 안에 있었으며 당시 교통부 장관은 그 유명한 최인규였고 우리 교장 선생님은 당시 고등학교 화학교과서를 지은 박임련 선생님이었고 또한 교통부 공무원이었다. 강당은 교통부에서도 쓰고 우리도 사용하는 공동이었다. 내가 졸업식 입학식 때는 최인규 장관이 축사도 한 것으로 기억하는데 자유당 말기에는 내무부장관으로 가서 3.15 부정선거에 개입되어 5.16 후 재판에서 사형선고를 받고 형장의 이슬로 사라졌다.

우리는 56년도에 입학해서 59년도에 졸업했는데 이촌동 자취방에서 서로 밥 당번을 미루다 시간이 없어 늦으면 국수를 삶아 먹고 교통부 정문으로 뛰어 들어가 교실에 앉기도 했다. 한강이 가까이 있어서 공부가 끝나면 달려 나가 수영도 하고, 백사장에서

7) 그후 학교명칭이 용산공고, 철도 고등학교, 철도 대학 등으로 명칭을 바꾸고 발전을 거듭하여 지금은 교통대학으로 존재하고 있다.

▲ 뒤 김석준, 앞 왼쪽부터 이양우, 광무남

뛰어놀기도 하고, 수영을 잘 하는 친구는 흑석동까지 헤엄쳐 갔다 오기도 하는 용기를 보여주었다. 1학년 때는 상급생 규율부요원이 보트 타고 만용을 부리다 익사사고가 발생하기도 하였다.

친구 A.

친구 A는 경북 안동에서 안동중학교를 졸업하고 서울에 올라왔으며 나하고는 학교 기숙사에서 처음 만났다. 귀공자 타입의 미소년이었으며 옆자리에서 자고 뒹굴다 보니 깊은 정이 들고 싹트는 우정 속에 미운 정 고운정이 함께 녹아드는 친구로, 55년이지나 망 80을 바라보는 지난해 가을의 어느 날엔 과천에 있는 서울대공원에서 세 친구가 만나 흘러간 인생을 애기하면서 얼마나 많이 웃었는지 모른다.

1962년 가을의 어느 날!

내가 백골사단 공병부대 공병소대장으로서 철의 삼각지 금화지역 DMZ인근 전방지역 개활지에 장벽지뢰지대를 조성할 때, 그가 면회를 온 적이 있다. 그는 내가 갖고 있는 모든 것을 주고 싶은 친구였다.

그는 내가 준 "내 책상 책꽂이에 꽂혀있던 신옥편(新玉篇)[8)]"과 "최신형 파카 만년필[9)]"그리고 유군소위 봉급 1개월 치도 가지고 서울로 떠났다. 아마 연애자금이 부족해서 왔던 모양이었다. 그리고 한 번은 이대영문과 출신 애인이 있는데 앞으로 결혼할 상대인데 자꾸 멀리 갈려고 하니 좀 나와서 PR 좀 해달라기에 육군소위 계급을 단 군복을 입고 서울까지 외출을 해서 명륜동 어느 대학 캠퍼스 벤치에 앉아서 열을 올리며 치켜세운 적도 있다. 그러나 피앙새의 아버지는 당시 교통부 기술직공무원으로 국장급이었고, 친구 아버지는 지방직 말단이었는데 격이 맞지 않는다고 퇴자를 놓는 바람에 놓치고 말았다. 자취방에서 뒹굴기도 했고, 2층 다방 계단에서 밀어버려 육체적인 대시도 했지만 피앙새는 날아가 버렸고 친구는 혁명정부의 전국적인 정책으로 병역미필 때문에 발령받았던 5급 13호 기계직 공무원으로서 서울공작창(工作廠) 객화차공장(客貨車工場)에서 해직되어 인생의 갈림길에 들어섰다. 그는 성균관 대학교 경제과를 졸업한 학력으로 세상 온갖 풍파를 거치면서 몇 군데 직장을 전전했고 개인사업도 했는데 성공과 실패를 거듭했다.

---

8) 내가 초등학교 졸업식 때 도지사 상으로 받은 한자 옥편.
9) 당시 포천 운천(당시 미군부대 주둔지) 시장에서 기념품으로 사 갖고 있던 명품으로, 누군가에게 주려고 갖고 있던 당시 나의 재산목록 1호. 결국은 제 주인을 찾아간 것이다.

▲ 철도고등학교 친구들과 함께

내가 영관장교로 전역 후 건설회사 현장 감사로 있을 때는 주택 사업을 한다고 찾아와서 벽난로(fire place)도면을 요구해서 우리 현장에서 시공 중인 벽난로 도면을 주기도 했다. 그때 내가 몸담았던 건설회사는 강남에서 청실아파트, 홍실아파트를 건설했고 당시는 강남구청 앞 언덕 7,800평의 대지 위에 대형주택[10]을 시공하고 있었다.

10) 당시 건축법에는 대지200평, 건축100평을 초과할 수 없기 때문에 대지 199평에 건평 99평의 제한된 주택을 짓고 있었고 대략 반이 되는 중심도로 서편에서는 현대건설에서 빌라를 짓고 있었다.

지구가 스스로 몸통을 굴려서 하루가 지나면 하루만큼 성장하고, 쉼 없이 또 하루가 다가온다. 이렇게 3650번을 자전하면서 열 번을 공전하면 10년이란 세월이 가고 그만큼 성장하고 변하고 그리고 또 다른 10년 세월이 연속해서 5번 반복되니 인생의 성공과 실패도 반복되어 결론적으로 말하자면 그도 이제는 황혼길에 들어서서 종로구청 관내에서 20층 오피스텔을 빌딩으로 소유하고 있으며 넉넉한 여생을 보내고 있다. 아, 그런데 그에게 치매의 기운이 있다는 소식이고 보니 역시 피하지 못할 생로병사(生老病死)다!

친구 B

이 친구는 나에게 잊지 못할 상처를 안겨주었다. 그렇다고 하여 마음의 깊은 상처를 준 것도 아니고 인체에 깊은 상처를 준 것도 아니다. 고등학교 1학년 기숙사 생활할 때 어느 날 새벽 찢어지는 아픔을 느끼고 벌떡 일어나 보니 옆에서 자고 있던 친구 B가 잠꼬대로 허벅지를 들었다 놓은 것이 나의 중요한 부분을 옆으로 내리쳐 자연적으로 포경수술이 된 것이다. 얼마나 아프던지 둘이서 사타구니를 움켜잡고 용산 역전에 있는 병원 이름도 생각나지 않는 곳에서 치료를 받은 것이다. 의사 왈, 자연적으로 포경수술이 됐네!

졸업 후 이 친구는 서울 공작창에서 A와 함께 발령받고 근무하다가 같은 이유로 해직되어 군에 입대했는데 군의학교에서 교육을 받고 수료할 때는 다른 학교 영문과 출신을 제치고 1등을 하여

▲ 교통고등학교 3학년 때 도봉산으로 소풍을 가서 친구들과 함께

학교장 표창을 받았다는 얘기를 군 생활 에피소드로 농담 반 진담 반으로 재미있게 풀어나간다. 제대 후 당시 재무부에 발령받고 18년 동안 근무하다가 그렇게 내가 공무원 연금을 탈 때까지 시간을 때우라고 했는데도 과감하게 퇴직하더니, 투자신탁 회사에 들어가서 성공적으로 직장생활을 끝내고 자기 철학대로 인생을 즐기고 있다.

나는 B에게서 큰 도움을 받은 적이 있다. 아마도 1983년 쯤 될 것이다. 아들놈 대학등록금이 필요한데 돈이 없어서 전화 한 통화 했더니 기다렸다는 듯이 군말 없이 OK해서 선처를 받았는데 옆에서 무심히 보고 있던 직원이 '참, 좋은 친구 갖고 있다'고 한다. '당연한 것 아니냐'고 했더니 아니란다. '요새 세상이 그렇지 않다'

면서 나는 군대생활을 많이 해서 세상물정을 몰라서 그렇지 정말 마음속 친구가 아니면 그게 안 된단다.

회고해보면 우리 세 친구는 A는 안동중학교를 졸업하고, B는 청주중학교를 졸업하고 나는 원주중학교를 졸업하고 서울에 있는 교통고등학교에서 만난 것이다. 사춘기 때 기숙사생활을 하다가 3학년 때는 학교사정에 의하여 기숙사건물이 헐리는 바람에 셋이서 자취생활을 한 적도 있다. 당시 교통고등학교는 국립이었는데 신입생이 250명이면 출신 중학교 숫자도 200개가 넘었다. 우리는 입학식 날 한 교실에서 만났다. 기계과 교실에서다.

공자님께서 말씀하시길 세 사람이 길을 가면 다 선생이라고 했는데 우리 친구들은 인생행로를 걷다보니 모두 나에게 교훈을 준 친구들이다. 친구 A의 융통성, 친구 B의 예리한 판단력은 무에서 유를 창조하는 능력이 빛났으며, 불의를 미워하고 미래를 걱정하는, 애국자라서가 아니라 정치가가 아니더라도, 경제 전문가가 아니더라도 오늘을 살고 있는 상식 있는 사람으로서, 지식인으로서 평범한 보통사람으로 자리매김하고 있다.

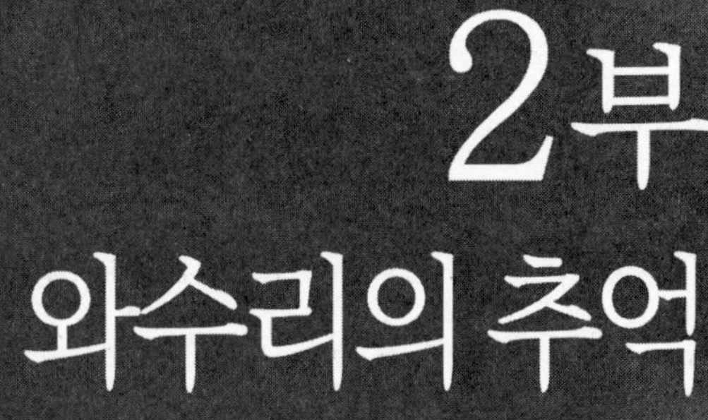

2부
와수리의 추억

와수리의 추억

와수리는 고요한 밤이면 북한군 오성산 초소에서 대형마이크로 선전하는 대남방송이 들리는 곳이다. 오성산을 쳐다보며 구축한 우리 백골부대 GP초소와 북한군초소는 직선거리 700미터도 안 된다. 마주보고 소리치면 육성으로도 말하고 들을 수 있다. 손 흔들고 초소 안을 들락날락하는 모습도 마주 본다. 나는 공병소대장으로서 GP막사를 신축한 경험이 있다. 괴뢰군 초소보다도 열악한 상태에서 우리 요원들은 근무하고 있었다. 우리가 신축하기 전까지는! 우리 공병소대가 지피막사 작업을 끝마치고 내려올 때 그들이 방송하는 것을 들을 수 있다. 그런데 그들은 거짓말을 하고 있는 것이다

"막사 작업에 고생하시는 3사단 공병대 장교 사병 여러분! 여러분은 지금 와수리 초등학교 건물을 뜯어다 공사하고 있습니다."라며 말도 안 되는 방송을 내보낸다. 얼마나 웃기는 일인가. 우리는 직접 공병 1003보급소에서 수령한 미제 2x4 각재와 1x6 판재, 4x4각재 등 신품 지원목재로 공사를 하고 있으니까 거짓말인 줄 알지만 북한 지피 병들은 눈으로 확인이 안 되고 귀로 듣기만 하

니까 진짜로 받아들일 수 있을 것이다. 그러니까 그들은 우리를 상대로 선전하는 것이 아니라 자기네 병사들을 상대로 거짓을 선전하고 있는 것이었다. 나는 처음으로 생생하게 북한 괴뢰군의 허위 방송을 확인할 수 있었다.

지피막사 건축공사 현장에서 보면 그들 지피 쪽에는 아주 큰 대형 스피커(24x24정도) 한 개로 높게 설치되어 있고 아군은 가로4줄(1줄x6개) 소형 스피커 24개를 한 묶음으로 연결된 방송망을 설치했기 때문에 양쪽에서 틀어대면 오성산 일대가 잡소리로 뒤덮여 무슨 소린지 알아들을 수 없었다. 그래서 그들은 조용한 깊은 밤 쉴 새 없이 틀어대는 모양이다. 와수리 신수리까지 들리게 자기들을 위한 거짓 방송을 하고 있었다.

와수리가 현재는 철원군 서면 와수리로 되어있지만 당시는 김화군 서면 와수리였다. 중동부 전선 최북단 철의 삼각지에서 아랫선 오른쪽 꼭짓점 부근에 와수리가 있고 평강을 잇는 직선 중간 지점에 오성산이 솟아 있는 것이다. 6.25동란 때 철의삼각지전투에서는 수십 만 명의 아군과 적군이 죽고 다쳤으며 휴전 직전에는 수십 번씩 고지(高地)의 주인이 바뀌는 전사(戰史)기록이 남아있는 곳이다. 와수리에서 버스를 타면 운천을 거쳐 서울로 가는 코스가 있었고 신수리를 거쳐 일동 이동을 거쳐 가평을 거쳐 사단지역을 벗어나는 코스도 있었다. 먼저 말한 노선은 주로 행정 도로이며 전시에는 주 기동로, 주 보급로였다. 후자는 전술, 군사도로로 주로 사용하였다.

자 !

그때 백골사단 사령부가 신수리에 있었고 내가 속한 공병대대(工兵大隊)는 와수리 쪽에 있었다. 외출을 가면 와수리 쪽으로 나갔고 당시 와수리에는 여인숙도 있었고 다방도 한 개 있었던 것으로 기억된다. 휴전선(休戰線)이 새로 생기면서 포화가 멎은 지 채 십년이 되지 않은 시점이었다. 와수리 어느 촌가에는 과부가 애를 낳는데 평강 쪽에 살고 있는 남편이 몰래 넘어와 씨를 뿌리고 간다는 말들이 흘러 다니고 있었다.

또 하나 잊을 수 없는 추억이 있다. 그날은 대대장(大隊長)이 사단 참모회의에 가고 없는 날이었다. 나는 그 당시 지피 작업을 마치고 매일 밤 소대원에게 문자교육을 시행하는 등 전방 말단 소대장 임무를 마치고 대대 참모부에서 기재장교를 하고 있던 시절로 기억된다. 무엇 때문인지 대대장실에 들어갔는데 최 소위가 거기 있었다. 당시 최 소위는 정작과에 근무하고 나는 군수과에 근무하고 있었다. 장난으로, 무심하게 벽에 걸려있는 대대장 권총을 내가 끄집어내어 최 소위를 향해 손들어! 하고 자세를 취했다. 물론 장난이었다. 그는 에이 치워하는 반응을 보였다. 왠지 나도 섬뜩한 기분이 들어 방향을 바꿔 사격 연습 자세로 거울 속에 있는 사람을 향해 정조준하여 총구와 총구를 일치시킨 다음 방아쇠를 당겼다.

'빵!'하고 총알이 발사되어 거울이 산산 조각이 나고 옆 사무실에 있던 3과장 4과장이 뛰어 들어왔다. 나는 혼비백산되어 멍 하니 서 있었고 최 소위는 너무 놀라 역시 멍청히 서 있었다. 3과장 염 대위는 최고참 대위였고 4과장 박창빈 대위도 고참이었는데,

▲ 육군 보병학교 156기 7중대

아주 침착하게 우리를 불러내고, 특히 나를 보고는 자기 3호차를 내주며 밖에 나가 한 바퀴 돌고 오란다. 머리도 식히고 반성도하고 얼마나 고마운지, 그리고 얼마나 다행인지. 지금 생각해도 고참 다운 선배였고 훌륭한 스승이었다는 생각이다.

나는 운전수와 둘이 앉아 대대 위병소를 나와서 와수리 쪽으로 다리를 건너면 23연대 쪽으로 뚫어진 도로를 따라 철원 쪽으로 차를 몰았다. 천천히 아주 천천히……. 23연대 정문 앞을 지나 천천히 문혜리까지 가서 우회전으로 다시 서울 - 와수리행 버스 도로를 따라 또 신수리 사단사령부 쪽으로 가다 보니 수십 키로의 원을 그리며 드라이브 한 꼴이 되었다. 우리 대대의 정문이 보여

부대에 도착했다.

오발한 흔적은 거의 완벽하게 처리되어 있었다. 산산조각이 난 거울은 똑같은 것으로 교체했고 총알이 밑으로 스치면서 상처를 낸 긴 의자는 다른 사무실 같은 규격, 같은 재질로 교체되어 있었다. 그리고 탄알 한 발이 소진되었는데 다른 사람 권총에서 빼어 보충해 놓았단다.

리벌버 45구경 권총이었는데 사람의 직감이란 있는 것인지, 대대장이 사단참모회의에서 돌아오자마자 권총 탄알을 확인하더란다. 7발인가? 탄창만 제거해서 눌러보면 확인이 되는 것이다. 탄알이 부족하면 스프링장치로 쏙 들어가니까. 나는 일생 일대 큰 경험을 한 것이다. 만약 그것이 최순일 소위에게 꽂히었더라면 나는 일찍이 군법회의 회부되어 전혀 다른 인생의 역정(歷程)을 걸었을 것이다. 그리고 살인자가 되었었을 것이다. 그 훌륭했던 선배님들도 이 세상에서 저세상에서 안녕하신지 감사한 마음이다.

그런데 아름다운 추억도 있다. 내 삶의 동반자 아내 옥정자 마리아를 만난 것이다. 휴전된 지 십 년도 안 되는 시기였다. 중부전선 최전방이 와수리에서 말이다.

이포나루터의 추억

2015년 12월 22일 화요일, 나는 1970년의 나를 만나러 이포나루터를 찾는다. 이유가 재미있다. 지난 주 화요일 북한산 둘레길을 돌다가 4.19묘지 뒷산에서 길옆에 벙커 진지가 있는 것을 본다. 거기에 시공 중대장 이름이 페인트로 표시돼 있는 것을 보고, 어! 여주 이포나루터 부근에 "내가 만든 진지가 있다"라고 했더니, 배 목사 왈, 가보자는 것이다.

김일성은 서울에 와서 환갑잔치를 하겠다고 입버릇처럼 말했다. 1968년 1월 21일 김신조 등 일당 31명이 아군복장과 신분을 위장하고 청와대를 습격하려고 부근까지 접근했다. 북괴 124특수부대 요원들이었다. 그들은 실패했다. 전멸하다시피 했다. 전원이 아군 포위망 속에서 도주했다. 1명 생포, 1명 생환 도주, 나머지 전원 사살되었다. 뒤이어 울진 삼척 간첩침투사건을 저질렀다. 효과로는 예비군 창설하는 계기가 되었다. 아군 피해도 컸다. 종로경찰서장이 순직했고 연대장 한 명도 전사했다. 그리고 전군 전투준비로 무장도 했다. "나는 공산당이 싫어요."하고 울부짖는 이승복 어린이의 입을 찢어 총검으로 무참히 살해했다. 이승복 어린이 동상이 초등학교마다 세워졌다. 그들은 아이러니 하게도 우리의 반공사상을 한없이 키웠다.

그 반작용으로 수도권 방위공사가 추진되었다. 나는 여주, 이천 거점 공사에 중대장으로 투입되었다. 나는 공병장교로서 보병30사단 91연대 3대대 11중대장으로 명(命) 받았다. 하천선 방어개념으로 남한강 이포나루를 좌우로 그 뒷산을 배경으로 방어진지가 구축(構築)된다. 적이 한강을 도하 시 섬멸하기 위하여 수십 개의 엄호진지를 만들었다. 대대CP벙커, 중대CP벙커, LM지벙커. AR벙커 등을 구축했다. 콘크리트 프리스트 빔과 철근콘크리트로 설계되었다, 그 공사를 위하여 통제단이 구성되었는데 단장은 민 00준장이었고, 그 위에 6관구 사령관은 이소동이었다. 벙커 위치 선정 시에는 하천선 방어개념에 의하여 수시로 변경되었다. 상급부대 지휘관(2군사령관 등)이 올 때는 진지 구분별로 색깔 표시된 깃발의 위치가 올라갔다 내려갔다를 반복했다. 벙커 위치 선정을 전술적으로 검토하고 실행하기위해서 전술 감독이 별도로 편성되었다. L.M.G와 AR 총기가 사격을 했는데 사계청소 마비 등으로 적을 사살하지 못했을 때는 전술 감독관(중령급)의 책임이었다. 또한 적의 화기나 포탄으로 진지(陣地)가 무너질 때는 시공 중대장의 책임이었다. 그래서 진지마다 출입구 콘크리트 벽에는 중대장 대위 김석준이라는 이름이 부각 표시되었다.

공사기간 중 일어난 에피소드가 좀 있다. 대표적인 것 하나가 해병대 헬리콥터가 조종사의 오판으로 강변(江邊)에 추락한 것이다. 김포해병여단에서 장군 한 사람이 자기 부대에서도 방어진지 공사 관계로 견학왔다가 남한강을 가로지른 전선줄에 걸려 강변에 추락했으나 다행히 인명 피해 없이 구조되었다. 당시 대대장(大隊長) 신OO와 중대장(中隊長)인 내가 현장에 있었는데 대단히 놀라고 당황스러웠다. 나는 그때 조종사의 낯빛과 얼굴 포정을 잊을 수가 없다. 창백한 얼굴을 푹 숙이고 세상을 포기한 사람 표정이었다. 군(軍) S.O.P상으로 장군이 타고 있는 헬리콥터가 추락 시 비행사(飛行士)는 사상 배경검사 대상이었다. 본체는 우리 중대 병력을 투입해 인력으로 들어올렸다. 포구에 있던 팀스피리트훈련 때 사용했던 문교에 싣고 대안으로 옮겨 빠르게 정비했다. 그리고 그날로 날아갔다. 당시 해병대사령관(해병대장 고OO)의 입장에서는 고마웠던 모양이다. 며칠 후에 해병대 사령관 명의로 감사패를 전달 받았다.

그런데 더욱 놀라운 사실은 감사패를 가져온 해병상사 장의선이 고향친구라는 사실이었다. 어론 초등학교 1년 선배, 원주중학교도 1년 선배인 그는 일찍이 소년 해병으로 입대해서 세월과 더불어 해병 고참 상사. 나는 중대장으로 조우한 것이다. 나도 놀라고 그도 놀라고 주위에 있던 사람들도 경이로움 속에서 박수가 터져 나왔다. 아마 지금도 30사단 91연대 11중대장 실에는 그 감사패가 고이 간직되어 있을지도 모르겠다. 세월은 대한민국의 역사를 엮어가면서 45년이 흘렀으니까, 31세였던 육군대위가 지금은 80을 바라보고 있다.

그런데 진지가 그대로 있고, 내 이름이 거기에 남아 있을까?

가보았더니 LMG벙커 AR벙커에 '중대장 대위 김석준'이라는 이름이 콘크리트 벽체에 음각으로 새겨진 채로 진지와 함께 잘 보존돼 있었다. 외롭지 않게 다른 줄에는 전술 감독관 중령 김호기라는 이름도 병기돼 있었다. 45년이라는 세월 속에서 주변 환경이 너무도 많이 바뀌었다. 45년이라는 세월 속에서 주변 환경이 너무도 많이 바뀌었다. 10년이면 강산이 변한다고 했는데, 다섯 번은 바뀐 것 같다.

첫째 적군이 도하 시 섬멸하려고 설치한 조준선 방향 사격(射擊) 범위 안에 이포보와 이포대교가 들어와 있었다. 그 당시에는 하폭 중간선으로 물이 흐르고 양쪽 대안에는 모래벌판이었다. 이포는 얼마나 아름답게 건설되었는지. 백로(白鷺) 알을 형상화해서 만들었다는 보의 기둥 역할을 하는 조형물은 건축예술작품이었다. 둘째 그 넓은 백사장이 웰빙 캠핑장으로 바뀌어 있었다. 해병대 헬리콥터를 정비했던 대안 일대가 60대의 차량을 수용할 수 있는, 35,262평방미터의 오토캠핑장으로 바뀌었다. 셋째 물길이 바뀌었다. 이포 쪽으로 물길이 대폭 이동해 있었다. 45년 전 나루터 뱃사공이 잠자던 집이 통째 없어져 물속에 잠겼다. 그래서 그 앞 너래 반석 위에 나바론 진지식으로 내가 구축했던 LMG벙커는 상상도 안 되었다. 헬리콥터가 추락했던 자리, 위치도 물속에 잠겼다. 대대장과 내가 헬기를 유도하기 위해 연막탄을 피우고 솔가지를 꺾어와, 연기를 피웠던 그 자리의 흔적도 물속에 잠겨있는 것으로 추축될 뿐이다.

천만 다행으로 이포나루터 유적지였다는 비석이 세워져 있어 부근을 어림짐작할 수 있었다. 이포나루터는 강원, 충천, 경기도에서 농산물과 특산물을 실은 배들이 들락날락하며 수로 교통의 요지였던 것으로 적혀 있다. 6.25때는 용문산을 뺏기고 뺏으며 점령과 철수를 반복했을 아군과 적군의 중요 접근로로서 도하작전(渡河作戰)을 감행했을 것으로 추리가 가능하다.

진지를 찾는데 쉽지 않았다. 우거진 수풀은 낙엽이 되어 떨어졌지만 덤불줄기가 앞길을 가로막았다. 수십 년 전 공사 당시를 회상하면서 전진하고 피해가고, 쓰러지고 자빠지기도 했다. 일행 중 다른 팀은 다른 능선으로, 나는 또 다른 접근로를 상상하면서 올라갔다. 벙커 발견! 심마니들을 흉내 내면서 발견했다는 소리를 질렀다. 나는 돌아서서 멀리 용문산 쪽을 바라보면서 남한강을 내려다보니 절경이었다. 전직 대통령이 명예를 걸고 수행한 4대강 보중 하나인 이포보가 위용을 자랑한다. 전술, 전략적으로는 장애물일 수도 있고 목표물일 수도 있는 구조물이었다.

작계 5027 수도권 방위선이었던 알파, 브라보선은 살아 있을까?

일행과 함께 45년 전 30사단 91연대 3대대 11중대장 김석준의 이름과 만나고 오는 발걸음이 가볍지만은 않음은 무엇 때문일까? 이포보 준공식날 이명박 대통령이 앉았던 식당에서 모두 둘러앉아 막국수 한 그릇씩을 해치웠다. 추억을 씹는 자리였다.

908부교중대 중대장의 희생(犧牲)

908부교중대는 1960년대 말 3공병 여단에 새로 창설된 부대이다. 소양댐이 생기면서 도하작전의 필요에 의해 홍천군 신남면 부평리에 주둔하고 있었다. 38교 부근이었다, 그 당시 부태형 대위가 중대장으로서 부대를 지휘하고 있었다.

지금의 관대리는 댐에 물이 차면 완전히 수중에 잠긴다. 상당한 면적의 전답이 동시에 수몰된다. 그러나 1960년대 말경에는 군단 사령부가 주둔하고 있었다. 한강 소양강 줄기의 상류로서 한재와 수해의 영향을 심각하게 받는 지역이었다. 거기에 인제군 남면 사무소가 있었고, 3군단 사령부가 있었다. 신남면 부평리에서 관대리로 통하는 유일한 교량은 38교였다. 그 교량을 건너야 양구로 통하는 군주보급로가 연결회고 인제를 통하는 도로가 연결되는 교통의 중심지였다. 거기에는 군단 비행장이 있었다. 미8군 고문단도 함께 있었다. 명실공이 군사요충지였다. 뿐만 아니라 서울에서 동부전선(東部戰線)으로 이동하려면 반드시 이 지역을 통과해야만 인제, 원통을 거쳐 한계령을 넘을 수 있고 진부령도 넘을 수 있는 중요한 군사도로였다. 동부전선을 지키는 3군단의 기동(機動)로이

▲ 56년 전 전우, 자랑스러운 7하나 동지들!(2016. 3. 1)

고 주 보급로 보급로(補給路)상에 위치해 있는 곳이다.

1971년 10월 나는 3공병여단 근무를 명받았다. 1967년 4월 15일 착공되어 공사가 진행 중인 소양강댐이 완성되면 댐 길이 530미터, 높이 123미터의 다목적댐이 국토개량사업으로 진행 중이었는데 3군단 지역에서는 대지각변동(大地殼變動)이 일어나고 있었다. 3군단사령부가 물속에 잠긴다는 것이다. 그러면 38교도 물속으로 들어가고, 3군단사령부, 미군부대, 비행장 등이 물속에 잠기는 것은 물론 사단 주보급로, 기동로가 끊어진다는 것이다. 천지개벽(天地開闢)할 일이 아닌가?

3군단 작전계획 5027이 수정되었다.

거기에 따른 각종 공사가 계획되고 진행되었다. 신남에서 인제까지는 오른쪽 능선 계곡을 잘라서 리아스식 해안처럼 굽이굽이 돌고 도는 새로운 전술도로가 개척되었다. 계곡 길을 따라 부평교,

▲ 갑종장교 156기 동기 정기총회

남전교, 군축교가 건설되고, 그 공사기간 동안 속초를 가고 오는 버스길은 얼마나 복잡했는가, 때에 따라서는 속초서 서울 가는 버스는 다시 속초로 돌아가고, 서울서 속초로 가던 버스는 다시 서울로 돌아가는 교통 생지옥을 이루고 있었다. 당시 3공병여단 정착 처에는 동기생 둘이 함께 근무하고 있었는데 이문권 대위는 부평교, 남전교, 군축교 등 공사장교를 하였고, 나는 작전장교로서 5027작계부록Q(공병)을 수정하고 있었다.

인공호수 소양호가 생기면 전시(戰時)에 공격(攻擊)시나 방어(防禦)시 부교를 설치 운영한다. 부교, 문교 설치를 목적으로 위치를 선정해야 하는데 908부교 중대장 부태형 대위와 군단 작전장교, 조종사 등 3명이 부교 선착장 선정을 위한 정찰임무 중 헬리콥터 추락으로 3명 전원이 순직하는 사고가 있었다. 지금도 부 대위의 얼굴이 눈에 선하다. 부 대위는 공병장교이고 제주도 출신이었다. 얼마나 안타까운 일이가. 하나의 비전투 손실이 세 가정을 박살내고 작전계획을 수령하는 밑거름이 되었으며 전시(戰時)에 수많은 인명을 구할 수 있는 교두보(橋頭堡)를 확보하기 위한 거룩한 희생인 것이다. 군단 연병장에선 순직자 3인을 위한 위령제가 시행되었다. 스님이 단상에 올라 불교식으로 추도사를 하면, 다음은 목사님의 애절한 설교가 있었고, 다음에 신부님의 거룩한 미사봉행이 있었다. 3인 모두 극락세계나 조상의 품속이나 하늘나라로 갈 수 있도록 군단장이 참석한 가운데 장엄한 장례식이 거행되었다.

1973년 소양댐이 준공되기 전에 군단도 이동하고 여단도 이동하려니 지휘부는 그들대로 바쁘겠지만 여단은 위관장교들이 실무자이고 군단은 영관장교들이 실무자인데 위관, 영관장교들이 눈코 뜰 새 없이 바쁘게 돌아갔다. 김일성은 서울에 와서 환갑잔치 한다고 날뛰고 있었다.

새로 이동할 군단사령부 위치는 태백산맥 골짜기 부근으로 더 깊숙이 파고들었고 여단사령부 위치는 방태산 언저리 내린천 상류천 부근으로 선정되어 공사 중이었다. 새로운 작전지역으로 이동하기 전 관대리에서의 마지막은 정말 치열하였다.

나의 숙소는 신남리 개울가 옆 동네 안에 위치한 군부대 냄새가 나는 관사였다. 부단장이 살다가 여단 내 새로운 관사로 이동하는 바람에 겨우 차지한 관사였다. 다행스럽게 울타리 안에 두레박 우물이 설치되어 있었고 방은 두 칸으로 되어 있으나 화장실이 아주 불편하였다. 부대 배치 때마다 아이들이 함께 이사했는데 큰놈은

▲ 아내 옥정자 여사

대전에서 문화초등학교에 입학한 후로 영천초등학교를 거쳐 신남초등학교로 전학한 상태이고 얼마 있으면 하남초등학교로 전학가야 할 차례였다.

당시 직업군인의 자식들은 교육이 엉망이었다. 결국 큰 놈은 초등학교를 네 군데를 다녔고, 중학교는 두 군데, 고등학교만 한 군데를 다녔다. 하도 엉망이니까 춘천에 제1고등학교 서울에 1개 등 군인 자녀를 위한 고등학교를 세워서 겨우 숨통을 튼 기분이었다.

며칠 전 나는 보훈중앙병원 장례식장을 다녀왔다. 동기생 이시백이 고인이 되었다는 연락을 받고 아내와 둘이서 문상을 갔다. 태극기에 덮인 입관을 보고 내가 그의 아들에게 "아버지를 자랑스럽게 생각하라."고 한마디 했다.

그의 가족과 우리 가족은 영천3사관학교에서 만난 적이 있다. 3군단 가기 직전 근무지였는데 나는 전술학처 교관이었고 그는 시설대 중대장이었다. 그해 처음으로 학교 군인아파트에 입주하는 초기단계였는데 행정착오로 한집에 잠깐 동안 함께 산 적이 있었다. 13평이었는데 그 집 애들도 3명, 우리 애들도 3명, 10식구가 함께 살다보니 고아원 같기도 하고, 피난살이 같기도 하고, 우리는 그렇게 청춘을 불사른 것이다. 그 뒤로 그는 월남참전도 하고 거기서 전상도 입고 그 후로 일찍 예편해서 종로구청에 근무한 적도 있고 백텔회사 멤버로 인도네시아에 가서도 가족을 위해 불철주야 일하더니 한 줌의 흙이 되어 대전현충원에 묻히는 구나. 그런데 그 아들의 얼굴에 자랑스러운 모습이 비치지 않는구나. 우리 세대의 생명은 가족을 위해서? 나라를 위해서? 아니 자신을 위해서? 908부교중대장처럼 이시백 동기생처럼 시대적 해석이 필요하다.

군축교 폭파(爆破) CPX

내가 육군 제3사관학교에서 생도들에게 공병전술(工兵戰術)이라는 과목으로 강의한 기간이 있었다. 교실에 들어가면 빛나는 눈동자 200여 개가 뚫어지게 쳐다본다. 그것을 의식하면서 서론을 시작한다.

나폴레옹의 유명한 말 중에 "나에게는 불가능이란 없다"라고 했는데 그것이 어디에서 나왔는지 아느냐고 물으면, 물론 대답하는 생도는 없다. 나폴레옹은 알프스산맥을 넘어 대군을 진격할 때 공병참모를 불러 기동로(機動路)를 정찰하라고 명한다. 정찰 후 와서 보고하기를 대병력이 공격하기에 기동로가 협소해서 불가능하다고 보고한다. 그때 나폴레옹 왈 "나에게는 불가능이란 없다" 오직 진격만이 있을 뿐이다.

인천상륙작전의 영웅 맥아더 장군은 미 육사(웨스트포인트)를 졸업할 때 공병소위로 임관하였다. 그리고 공병중대장으로서 필리핀에서 마닐라 항구를 공사(工事)한 사람이다. 그리고 6.25전쟁 인천상륙작전 때 전술 전략적인 판단이 성패를 좌우했겠지만 판톤 부리지를 이용해서 바다 가운데서 군수지원 물동량을 항구로 이동하는 공병 운용이 없었다면 가능했겠는가? 세계적인 전사(戰史)에서 공병전술은 승리의 핵심인 것이다. 공병은 전투병과(戰鬪兵科) 병과로서 파괴와 건설로서 군(軍)을 지원한다.

70년대 당시 3군단 사령부가 최초 위치했던 곳은 소양강 상류 38선 부근이었는데 땜이 생기면서 현 위치로 이동하게 된다. 휴전선(休戰線)이 포물선을 그리면서 서부전선은 개성을 잃고 중동부 전선은 철원, 화천 양구 인제, 원통, 화진포, 간성, 고성을 수복지구로 하여 그어지면서 39도선 가까이까지 연결되었다. 조국 근대화사업으로 소양강 땜이 건설되었고 그 때문에 29억 톤[11]의 물이 채워지면서 3군단 사령부는 기린대 쪽으로 부대이동 준비 중 이었고 군단 주 보급로 사단 주 보급로 등이 바뀌게 되고 따라서 군단 작전계획도 바뀌게 된다. 소용돌이치는 조국의 산업화, 근대화 과정은 대한민국의 역사를 바꿀 뿐만 마니라 군 작전개념도 바뀌어야 하는 것이었다.

나는 3공병여단 작전장교로서 군단작계 5027공병부록 Q를 작성하고 CPX훈련이 끝나면 수정하고 또 수정하고를 반복했다. 예하에 3개 보병사단이 있었는데 00사단은 공병출신 인종훈 장군이 지휘하고 있었고 다른 2개 사단은 보병출신 사단장이었다. 전쟁시 군축교가 파괴되면 조립교 3단3중식 구조로 긴급 복구하여 설

11) 1967년 착공되어 1973년 10월에 완공되었다. 높이123m, 길이530m 만수위 때의 총저수량 29억t, 양구군 인제군 등에 걸쳐 6개면 38개 동리와 4800여 세대가 수몰되어 조성되었으며 그 범위 안에 3군단 사령부 주둔지가 있는 인제군 남면 관대리 일대가 물속에 잠기게 되어 기린면 기린대로 이동하게 된다.

치해야만 통과하는 탱크의 하중을 지탱한다. 이에 우리 공병들은 CPX상황에서 Fm101-10이나 공병수첩을 적용해 판단하면 강폭이 조립교 최대 설치 폭 210ft 길이를 초과함으로 대안으로 부교와 문교를 운용하였다.

어느 해 10월 군단 CPX훈련장에서 군축교는 폭파되고 문교, 부교를 준비 중이고 모든 상황을 1군에도 보고하고 군단장에게도 보고가 끝났는데 1군 공병부에서 연락오기를 군축교가 복구되어 1군 군수지원물자가 군축교를 통과하고 있단다. 아니 무슨 공법으로 복구했느냐고 따졌더니……. 하여튼 상왕처리를 하란다. 내가 여단장에게 보고하고, 여단장(표경일 대령)과 함께 군단장에게 보고하니 다음날 아침 상황보고 시에 군단장 왈 "여단장은 1군 공병부장 지휘를 받나? 군단장의 작전 지휘 받는 사람인가? 여단장

영창에 집어 넊!" 물론 메시지 상황처리였다.

6.25일 한강 폭파 책임을 지고 당시 공병감 엄OO이 사형을 당한 것도 이런 수준의 판단이었나 하는 생각이 들었다. 지금은 다 수정되고 작전계획도 잘 세워 놓았겠지. 작전지시도, 작전계획도, 조립교 운영계획도 부교 문교 운영계회도, 작계27 부록Q도, 빈틈 없이 시행착오 없이 수립되었으리라! 여단에는 잘 준비되고 훈련된 908부교중대와 503조립교중대가 건재할 테니까. 벌써 그로부터 40년의 세월이 흘렀으니까. 도하장비, 조립교장비도 눈부시게 발전했을 것으로 머리에 새기고 싶다.

나는 1961년 5월 13일 갑종간부 156기 공병소위로 임관 후 백골사단에 배치되어 당시 토담막사에서 생활하던 최전방 GP 요원 막사를 시멘트블록으로(20X50) 건축하는 것으로 초급장교의 임무를 시작했으며 측방교류 후방근무를 전전하면서 서울 - 춘천 간 아스팔트 도로공사[12]에 참여한 바 있고, 대위 진급 후 2군사령부 공병부 근무, 3관사 공병시설대 2중대장으로서 서해안 부대 해안초소 초소(만리포 초소 등)[13]를 건축하고 3사관학교 교관 등을 거쳐 다시 전방근무로 투입된 것이다.

12) 당시에는 현대건설에도 포장 건설장비가 없던 시절이었고 오직 군 공병에서 최초로 1군 직할 1107야전공병단 예하 215건설 공병대대가 미고문단의 지원을 받으며 서울~춘천 간 75 Km아스팔트 포장공사를 실시하였다. 당시 대대장 김기오 중령, 부대대장 김기원(장군으로 예편) 소령, 작전과장 김위수 대위(육사11기) 본인은 중위로 공사감독관으로 근무. 당시 건설부 중부국이 가평에 위치 본 공사를 합동으로 추진하고 있었다.

13) 당시 관구사령관 이존일 소장, 공병참모 성락춘 중령이었다.

에피소드 1

백골사단 근무 중 잊지 못할 기억은 최고회의 의장시절 박정희 대통령이 지역 내 오피를 방문하는 날 지뢰탐지를 하라는 긴급지시를 받고 새벽 04:00에 출동해서 임무를 마친 일, 또 잊지 못할 추억은 권총을 가지고 대대장실에서 장난으로 조준했다가 기분이 나쁘다고 하여 옆으로 정조준하여 발사한 것이 그대로 실탄이 나가 너무나 놀랐던 일이다. 그때 상대가 육사17기 출신 최00 소위였는데 거울은 산산 조각이 나고 옆방에 있던 s-3장 s-4장이 뛰어 들어오고. 나는 멍하니 서 있는데 선배장교들의 배려로 지프차를 타고 22연대가 있는 문혜리 쪽으로 한 바퀴 돌고 오니 거울도 새로 사다 걸고 탄알이 스치고 지나간 긴 의자도 같은 것으로 옮겨 놓고 말끔하게 정리되어 있었다. 예감이 있었는지 뒤에 들은 얘기지만 대대장이 사단회의 후 돌아와서는 권총실탄을 위에서 눌러 확인하더란다. 그러나 이미 채워 놨으니……! 당시 사단장은 장우주 장군이었고 우리 대대장은 전00 소령이었는데 내 운명은 어찌 되었을까?

나는 공병이지만 보병중대장 경력도 가지고 있다. 보병30사단 91년대 11중대장, 이소동장군이 6관구 사령관일 때, 민경중 장군이 통제단장으로 있으면서 수도권 방위공사를 했는데 하천선 방위개념이었는데 이포나루터 부근에 사공막사가 하나 있었는데 집을 철거하고 부근바위에 LMG벙커를 만들었는데 지금은 어찌되었는지?

하루는 해병대 헬리콥터가 장군을 태우고 자기네도 진지구축을 목표로 시찰을 왔다가 조사 실수로 한강을 횡단하는 선에 걸려 떨어졌는데. 우리 중대병력을 동원해서 구난했는데 무장보초도 세우고 보안을 철저하게 했더니 해병대사령관이 감사패를 가져온 적이 있다. 해병대장 고광만! 그런데 세상은 넓기도 하고 좁기도 한지 방패를 들고 온 사람은 나의 고향친구였다. 해병대 상사 장의선. 그는 원주중학교를 나보다 1년 먼저 졸업했는데 그리고 소년 공군인가로 갔는데 15년 만에 대대 CP천막에서 해병사령관 감사패를 갖고 온, 해병상사와 보병중대장으로 재회한 것이다. 지금도 30사단 91연대 11중대장실에 보관되어 있을까? 그리고 거점벙커마다 엘엠지 벙커든, AR벙커든, 중대오피 대대오피 벙커든 시공자 대위 김석준, 전술감독관 중령 OOO라는 글자가 새겨 있을 것이다. 만약 적의 포탄이 떨어져서 벙커가 무너지면 중대장 책임, 사각지대가 생겨서 앞에 나타난 적을 사살하지 못하면 전술감독관 책임이라고 이름을 새겨 넣은 것이다.

얼마 전 3월초순경 여단장(함화용 당시 대령)님과 통화할 기회가 있었다. 목소리가 아주 젊고 고향친구 목소리와 똑 같아서 막 터놓고 대화를 하던 중 '나 함화용이야!'아는데 얼마나 놀랐는지, 그리고 죄송스럽고 그런데 대화 중 내가 여단장님 밑에서 601경장비중대장을 할 때 재건중학교 교장을 한 적이 있는데 그 말씀을 듣고 놀라움을 금지 못했다.

애피소드 2

여단사령부가 인제군 기린면 하남리 오지였는데 당시 중학교를 진학 못하고 산에 나무나 하러다니고 놀고 있던 애들을 모아서 중학교 과정을 가르치고 있었다. 춘잠(春蠶) 추잠(秋蠶)이라고 해서 아이들과 함께 누에를 키워서 고치를 만들어서 팔면 세계문학전집도 사다가 교실에 비치해서 시골 아이들이 볼 수 없던 책들을 읽게 하고, 야간에는 공부를 시키는데 얼마나 열심히들 하는지! 교사들은 충분히 확보할 수 있었다. 우리중대에 영등포고등학교 영어선생을 하던 병사도 있었고 사령부내에는 다른 지역에서 교직에 있다 입대한 병사도 있어서 어려움이 없었다. 특히 황용운이라는 병사는 삼육대학교 출신이었는데 영어를 잘 가르쳤고 병장쯤 됐을 때는 교감역할을 한 것으로 기억된다. 졸업식 때는 인제출신 국회의원(당시 전형산)도 참석하고 인제군수, 경찰서장 등도 참석해서 졸업식을 빛내 주었다. 지금생각해도 지역사회에 뜻있는 일이었다고 생각된다. 그리고 추억에 남는 것은 서울에 있는 몇 개 고등학교에 비봉재건중학교 교장명의로 편지를 보냈더니 호응이 좋아서 쓰던 교과서 공책 연필 등 학용품이 답지하여 넉넉하게 사용할 수 있었다. 그래서 여단장님도 스토리를 기억하시겠지.

에피소드 3

정승화 군단장이 6.25전쟁 때 중대장으로 참전 중 포위망 속에서 방태산 석굴 속에 숨었다가 탈출하려고 나오던 중 굴 앞에서

상한몰골로, 마주쳐 두 사람 모두 놀라자빠졌다고 한다. 그리고 농부를 따라가 허기를 채우고 농부 옷으로 갈아입고 탈출해서 세월의 흐름을 타고 지역 군단장까지 되어 재회하여 여단 예하 111대대 공병대대(대대장 중령 최00)에서 집을 개축해주기도 했다. 영화 같은 얘기가 아닌가?

에피소드 4

나는 공병 4기 선배님들과 여러 번 함께 근무를 했다. 여단장님도 4기인데 2군사령부 공병부에서 지도 장교로 근무할 때도 과장이 김봉춘 대령님이었고 이인구 소령(현 계룡건설 회장)이 보좌관이었고 손희원 소령이 행정실장이었고 시설과장은 장00 대령 공병참모는 박우범 장군이었고 2군사령관은 정래혁 씨가 하고 있었다. 세월이 많이 흘렀다. 지금도 1:50,000지도를 건설에 활용하고 있는지 자못 궁금하다.

에피소드 5

나는 해외무관의 꿈을 안고 육군행정학교 전략정보반 문을 두드린 적이 있다. 전략정보반 19기 영어반에는 24명이 시험을 보고 합격해서 입교했는데 갑종장교 출신을 비롯해서 육사 해사 공사 학군단이 포함되었으며 군별(軍別)로는 육 · 해 · 공군, 해병대가 두루 있었고 1년 동안 A.L.C 교재를 이용하여 실컷 영어공부를 할 수 있었다. 이보희 씨가 전략정보 1기 출신으로 회자되기도 하였다. 주로 네티브 스피커로 주한미군 부인들이 선생으로 교실에 들어왔는데 미시스 모어라고 미군 정보장교 중령 부인이었는데 잘도 가르치고 인기도 좋았다. 나는 그 부부를 초청해서 2박3일을 부산 망미동 군아파트에서 함께 자고 먹으며 부산투어를 안내한 추억이 있다. 그 집 애들도 우리와 같이 세 명씩이었는데 그 가족이 운전하는 차(12인승)로 자살바위 코스도 보여주고 해운대갈비도 맛보게 했으며 추억을 만들었다. 그런데 내가 전략 정보반을 졸업하고 12.12가 얽히고설키며 해외 무관도 못 나가고(19기 한 사람도 없음) 3관구사령부에서 정보처 정보과장, 작전처 교육과장을 거치며 들리는 소식이 미시스 무어가 남편과 이혼하고 한국사람과 결혼했단다. 정말 인생행로란 예측할 수 없는 것인가? 나의 행로도 그때부터 비뚤어지기 시작했다. 전혀 예측하지 못한 방향으로…….

에피소드 6

나는 공병장교(工兵將校) 출신이라는 군 경력이 바탕이 되어 서울 메트로 1대 영선소장, 건축소장으로 인생 후반기를 생활하게 되었다. 84년도인데 그때 서울지하철공사(오늘의 메트로) 사장은 투 스타 출신으로 김재명 장군이 예편 후 부임했고 감사역에 공병 조00 장군이 있었고 시설이사에 공병 김교덕 장군(2013년도 작고)이 있었고 공군 파일럿 출신 강00 장군 출신이 운영이사, 서울시 공무원 출신 장00 이사가 설비(設備)를 담당하고 있었다.

내가 60세 정년으로 1998년 12월 30일 자로 서울지하철 공사를 퇴직할 때는 건축 사무소장 예하에 분소장이 8명 있었는데 공병소령출신이 4~5명 있었다.

군산의 추억(追憶)

나는 군산을 두 번 다녀온다. 한 번은 도망병 복귀조치 시행으로 군산을 간 것이고 또 한 번은 반세기가 지난 어느 날 별다른 이유로 다녀온다…….

군산 채만식 문학관을 다녀왔다
화살은 55년의 시간을 날아와 나의 머리에 꽂힌다
강은 어제의 강이 아니다
철길은 어제의 철길이 아니다
기피자와 추적자의 게임은 오늘도 계속되고 있다
누가 하늘애서 내려다본다
인간의 메커니즘 속에선 끝났다
그러나 인간사의 섭리에선 계속 진행 중이다
탈영병 잡으러 왔던 61년 때의 금강, 군산은
너무도 많이 변했다
미호천을 거쳐
백마강을 거쳐
군산과 장항사리를 흐르는 금강은 둑을 가로막아도

유유히 탁류로 흐른다
채만식은 1950년에 갔어도
탁류(濁流)는 여전히 흐른다
시간을 뒤로하고 한 없이 흐른다

최초로 민간(民間)에서 시험을 통해 모집해서 논산 훈련소에서 기본 훈련만 마치고 그대로 보병학교(步兵學校)에 입교해서 장교(將校)과정을 거쳐 임관하였다. 당시 국내사항은 제1공화국 자유당 말기였고, 5.16혁명 3일 전에 임관(任官)하였다.

중대장은 육사 11기들이었고 12기수가 소대장이었다. 6개월 동안 애니멀 트레이닝(Animal training) 과정을 통해서 백전불굴의 정신으로 양성된 초급 지휘관이다. 최초로 배치 받은 곳은 백골(白骨)부대 3사단, 공병대대 2중대 1소대장이었다. 내가 중대장으로부터 받은 명령은 군산에 가서 부대에서 탈영한 도망병을 잡아오는 것이었다. 당시는 사회구조가 빽 있고 돈 있는 사람은 군대를 안 가고, 돈 없고 힘이 없어 군대 간다고 생각하는 사람이 넘쳐흘렀고 군대에서 탈영하는 사람도 많았다. 자유당 말기현상에서 비롯된 군내 비정상(非正常)이 조정단계에 있었다. 기피자를 색출해서 다시 군에 입대시키고 도망병은 다시 불러 모으는 단계에 나는 부대배치를 받은 것이었다.

당시 서해안을 달리는 기차는 장항이 종점이었다. 금강하구는 다리가 없어서 북쪽장항에서 군산을 가려면 배를 타고 금강을 건너야 목적지에 갈 수 있었다. 나는 철의 삼각지 김화에서 버스를 타고 서울종로 5가에서 내렸다. 그때는 전방으로 가는 버스터미널이 거기에 있었다. 그 다음 서울역에서 기차를 타고 장항을 거쳐 군산에 도착하는 머나먼 길이다. 군산에서는 주소를 갖고 쉽게 찾았다. 그리고 그는 순수하게 자기 잘못을 뉘우치고 동행하기로 약속하였다. 이튿날, 서울로 가는 군용열차를 타기 위해 이리로 나갔다. 역(驛)에서 열차시간을 확인하고 1시간 이상 여유가 있어서 역전 골목집에서 막걸리 한 잔을 하고 기다리기로 하였다. 도망자와 추적자가 한자리에서 잔을 주고받으니 영화의 한 장면 같은 느낌을 받는다.

김 일병은 군산상고를 중퇴한 앞길이 9만 리 같은 청년이었다. 말인즉 홀로 계신 어머니 생각에 고민 고민하다 탈영을 해서 집에 와서 부두노동을 하면서 어머니를 돌보고 있다는 것이다. 같은 나이 또래로서 이해가 되었다. 공감을 표시하면서 이제 복귀하면 성실하게 국방의무를 마치고 새 출발을 하겠다고 스스로 다짐하는 것이 고맙기도 하였다. 그러나 고마운 것은 거기까지였다. “이제 가자” 열차시간이 다 되어 나가려는데 “화장실 좀 다녀오겠습니다.”라고 말했다. 내가 이상하게 쳐다보니까 화장실이 안에 있다는 것이다. 그리고 문을 열고 안으로 들어갔다. 나는 도로 앉아 나오기를 기다렸다. 역(驛)으로 갈 시간인데 나타나질 않는다. “아주머니, 화장실에 밖으로 나가는 문이 또 있어요?” 그렇다는 것이다. 그는 자기 고향에서 그런 집으로 나를 안내했고 나는 순진하게 그 말을 믿었고, 바보짓을 한 것이다. 그러나 헌병을 대동한 것도 아니고, 수갑을 채운 것도 아니니 인간 대 인간의 신뢰란 이

렇게 단순하게 무너지는 것이다. 할 수 없이 빈손으로 부대 도착하니 상관의 사고방식은 전혀 딴판이었다. 인간의 조건은 전혀 무시한 채 임무를 수행하지 못한 결과만 따지는 것이다.

이번에는 단단히 결심을 하고 군산을 찾아가서 다시 만났다. 엎드려 빌며 정말로 사죄하면서 인간의 탈을 쓰고 할 수 있는 죄의 용서를 빌면서 애원(哀願)하는 바람에 또 한 번 천사가 되었으나 미션 임파서블(Mission impossible)이었다. 배반자에게는 법에 의한 처리 외에 다른 길이 없었다. 조국을 위해 몸 바칠 인생의 첫발을 내딛는 양양한 앞길을 바라보는 청년 장교에게 같은 이유를 대면서 이번에는 서울 행 장항선 열차에서 뛰어내린 것이다. 귀대해서 탈영보고를 공식화하면서 인간적인 메커니즘은 끝나고 도망자의 번뇌만이 구천(九天)을 헤맬 것이다.

오랜만에 찾아본 군산은 옛날의 것이 아니었다. 금강 하류에는 홍수조절 댐이 건설되어 있었고, 철길도 연결되어 금강을 왔다 갔다 한다. 그리고 거기에는 내가 아직까지 몰랐던 문학세계가 있었다. 일제강점기시대 조선반도의 곡물들을 실어 날랐던 수탈의 흔적이 곡창지대의 논밭을 수탈한 흔적도 있었다. 태백산 등줄기에서 발원한 물이 미호천을 거쳐, 백마강을 거쳐, 금강하류의 탁류로 흐른다. 또한 고려시대 탁류로 흐르던 역사 속에서 병자호란의 구정물이 섞여 임진왜란의 구정물이 한반도 전체를 탁류로 뒤덮였다. 21세기에는 지각변동으로 인한 탁류가 일본 열도를 위협하고 있구나.

김선관 안토니오를 보내며

2017년 11월 6일 14:00시 국립 서울현충원 충혼당14) 봉안식에 다녀왔다. 311호실에 동기생 김선관 안토니오를 봉안하고 나서……,

아아아……! 슬프도다. 애통하도다! 국가에 봉사하고 가족을 사랑했던, 인생 80년을 살고 간 고(故) 김선관 안토니오는 지금 우리를 남겨두고 하늘나라로 나라갈 준비를 하고 있습니다. 아니 승천하고 있는 과정에 있습니다. 그를 보내고 있는 우리의 슬픔을 가눌 길이 없습니다.

1961년 5월 13일!

한 많은 이 나라의 역사를 바로잡겠다고 결연히 일어섰던 이 나라 혁명군의 깃발 아래 육군소위의 계급장을 달고 전쟁기운이 채 가시지 않은 휴전선으로 총칼을 들고 달려갔습니다. 백마고지를 향해서, 철의 삼각지 오성산을 향해서! "원한의 적들이여! 게 섰거라!"를 외치며 용감무쌍하게 돌진했던 그의 인생이 막을 내리려

---

14) 동작 동 국립현충원의 묘역 내에 설치한 납골당.

하고 있습니다.

155마일 휴전선을 지키기 위해서 최전방에서, 소대장으로서 기염을 토했습니다. 중령시절에는 2관구 사령부 정훈(政訓)참모(參謀)로서 국군장병들의 사기를 진작시키는데 앞장섰습니다. 승공통일의 정신무장을 위해 그 일익을 담당했던 우리의 용사 이 나라의 애국에 섰던 김선관 안토니오의 인생은 막(幕)을 내렸습니다.

한미(韓美)동 맹(同盟)의 연결고리에서 월남전에 참가하여 대(對)베트공 전에서 생사를 초월한 작전 결과로 충무무공훈장을 받기도 했던 우리의 영웅, 김선관 안토니오 영전에 고별사를 바치는 엄숙한 자리이기도 합니다. 어디 그뿐입니까? 30년 가까운 군(軍)생활을 마치고는 그 연장선상서 새마을 운동에 앞장서서 새마을 정신을 강화하고 실천하기 위해 몸을 바치기도 했습니다. 중앙 새마을운동본부에서 국민 계몽에 앞장섰던 김선관 안토니오 교수님께서 지금 운명(運命)하셨습니다. 그 새마을 정신은 후진국의 교과서가 되기도 합니다.

우리는 지금 그를 보내며 애통해하고 있습니다. 잘 가세요. 한 줌의 재를 남기고, 한가락의 연기가 되어 하늘나라로 향하는 우리들의 영웅! 우리들의 친구 김선관 안토니오 형제의 명복을 비노니 먼저 도착하시어 우리들의 앞길을 인도해 주소서……!

뒤에 남은 가족들에게도 홍복을 내리시어 그들에게 건강을 주시고, 훌륭한 족적을 남기고 떠나가는 영령이시어 평안히 가시옵소서!

함께 걷던 서울대공원 산책길에도 항상 동참해주시고

추억을 반추할 수 있도록

하늘나라에서

굽어 살피소서

2017년 11월 6일 월요일

O.C.S[15] 제156기 가우회[16] 동기생 함께하여 고별사를 올립니다. 영원히! 영원히 안녕……! 아멘!

15) 육군 갑종 간부

16) 가톨릭 신앙을 갖고 있는 친구들의 모임

3부
어머니의 가르침

어머니의 가르침

초등학생 때 일이다. 학교에 갔다 오는 신작로에 살구나무 집이 있는데 노란 빛깔의 살구 알이 담 밖으로 무수히 떨어져 있었다. 그 집 살구나무는 울타리 밖으로 가지를 뻗어 방죽 밑 개천 쪽으로 살구들이 떨어졌다. 친구들과 함께 지나던 나는 어린 마음에 아무 죄의식 없이 주섬주섬 주워서 집에 가지고 왔다. 어머니는 살구를 도로 그 집에 가져다주고 오라 하셨다. 왜 남의 물건의 손을 댔느냐며, 그때는 잘 이해가 되지 않았다. '나무에 올라가 딴 것도 아니고 땅바닥에 떨어진 것을 주워왔는데…….' 나는 도로 그것을 가져가 살구나무집 주인아주머니에게 자초지종을 얘기했다. 그 아주머니는 "뭘 그것을 가져왔느냐"며 오히려 더 주워서 한 보따리 안겨주었다. 덕분에 이가 시리도록 살구를 먹은 기억이 있다. 그날 이후 어머니의 꾸지람에는 '正直하게', 즉 곧고 바르게 살라는 가르침이 들어있었다. 그날 이후 어머니를 떠올리면 살구 생각이 난다.

단옷날은 어머니 제삿날이다. 새벽에 위령미사를 봉헌하고 오는 내내 어머니의 얼굴이 떠올랐다. 우리 집 가훈 역시 '정직하게 살아라.'다. 내 삶이나 자식들의 삶 속의 어머니가 깊이 자리하고 있음을 느낄 때가 한두 번이 아니다.

1107야전공병단에서 초급장교로 근무할 때 일이다. 그때 우리 대대는 청평 부근에 주둔하면서 서울 - 춘천 간 아스팔트 포장공사를 하고 있었다. 확장공사는 116대대에서, 포장공사는 215대대에서 시행했다. 대대 안에서도 1중대는 구조물 공사, 2중대는 포장 공사, 3중대는 기층 공사를 맡았다. 하루는 당직사령을 하고 있는데, 위병소에서 전화가 왔다. 장비과인 김 모 중위의 지시로 디젤 한 차(13드럼)를 싣고 외부로 나간다는 전화였다. 나는 연료고에 다시 부리도록 지시하고 결과 보고까지 받았다. 이처럼 고지식하기까지 한 청년 장교, 육군 중위의 사고방식 역시 어머니가 심어준 교훈의 영향이었다.

어머니는 내가 중대장으로 근무할 때도 부대에 오셔서 효를 강조하고 가셨다. 그날의 기억이 아직도 또렷이 남아 있다. 맏아들 노릇도 제대로 못하면서 혼자 애국자인 양 어머님 만날 때마다 국가를 논하고, 안보를 논하고, 조국의 근대화에 대해 열변을 토했다. 그럴 때 어머니는 아들의 건강을 염려하고 손자들이 제대로 공부는 하고 있는지 노심초사하셨다.

어머니는 지금 원주공동묘지 영면해 계시다. 좌청룡 우백호에 둘러싸인 공동묘지는 명당이라는 생각이 든다. 앞에는 작지도 크지도 않은 호수가 내려다보이고 지반이 마사토라 배수도 잘된다. 발치에 서 있는 잣나무 한 그루는 얼마나 무성한지! 동생들이 베

어버리자고 한 것을 극구 말렸는데 지금을 묘지를 지키는 든든한 버팀목 역할을 하고 있다.

어머니는 15년 늦게 오신 아버지를 같은 봉분 안에 맞으면서 착하게 살다 온 남편, 고생만 시켜준 남편을 용서하셨는지 궁금하다.

사랑하는 어머니!

그 가르침 속에서 한평생을 살아온 장남이 자서전을 바치오니 받아 주소서.

이기준 선생의 고희연

양골은 태백산 줄기속의 한 마을이다. 앞에 보이는 회골 고갯길은 계속가면 춘천으로 연결된다.

이기준 선생의 아버지는 6.25전쟁 때 돌아가셨다. 90일 간의 인공치하에서 괴뢰군 총에 맞아 숨졌고, 어머니는 휴전 후 아군 군용(軍用) 트럭에 치어 돌아가셨다. 그 후 기준은 어린 나이로 부모 없이 할머니 밑에서 자랐다. 세상에 이런 기구한 운명도 있단 말인가. 양골 할머니는 이 세상에서 한없이 부지런하셨다. 손발이 다 닳도록 논두렁 밭두렁을 헤매시었다. 어린 손자를 할아버지도 없이 이를 악물고 키운 손자가 금년에 고희연을 치른단다. 할머니는 딸 둘에 아들 하나를 두셨는데 큰 딸을 윗마을 경주김씨 집안으로 시집을 보냈고 1939년에 외손주를 먼저 보셨다.

세계대전이 막바지에 치달을 즈음 기준이 아빠는 징용에 끌려갔다. 구주탄광에서 일본 놈들의 온갖 학대에 시달리며 중노동에 시달리고 있었다. 기준이는 그때 엄마 뱃속에서 숨 쉬고 있었다. 결국 해방둥이로 이 세상에 태어났다. 강원도 인제군 남면 어론리는 두메산골인데 그 마을 주위에서도 기준이가 태어난 양골이라고 하는 골짜기에는 집도 한 채밖에 없었다. 앞산이 턱을 치받치고 뒷산이 덜미를 치는 첩첩 산중이었다.

멀리 보이는 솔밭에는 미군부대가 진을 치기 시작했는데 38선 부근이었기 때문이었을 것이다. 그 후로 행정구역도 홍천군 신남면 어론리로 바뀌어 면사무소도 새로 생기고 원래 관대리에는 인공기가 펄럭이고 있었다. 한반도를 가로지른 38선이 남북(南北)으로 쪼개지다 보니 강(江)북쪽에는 로스께가 왔다 갔다 하고 강 남쪽에는 미군이 진을 치고 있었다. 어제까지는 일본군대의 센또보시를 쓰고 군대놀이를 하던 애들이 오늘은 헬로 모자를 쓰고 쬬꼬레트 기브미 를 놀이삼아 입에 달고 다니는 꼴이 된 것이다.

기준이가 5살 때 6월 25일이 일요일이었는데 아침부터 부평리(38선 부근 마을)에서 피난민 대열이 올라오기 시작하였다. 그 전에도 비슷한 일이 종종 있었는데 그때마다 거리고개 너머 장남초등학교까지 가있으면 북진한다고 군용트럭에 국군이 타고 38선 쪽으로 가면 적을 물리쳤다고 해서 피난 보따리를 끌러놓고 평상시로 돌아가는 일이 몇 번 있었는데, 이번에도 그러려니 했지만 좀 달랐다.

시간이 지나면서 따발총 소리가 들리고 딱쿵총 소리가 콩 복듯 들리더니 점점 가까이에서 대포소리도 들려 또 며칠 있으면 돌아올 것으로 생각하고 가볍게 지개에다 짐을 지고 출발했으나 횡성군 공근면까지 갔을 때는 적군(赤軍)이 앞질러 남하하는 바람에 더 피난을 못가고 동무들 고향으로 돌아가라는 북한군 치안대에 막혀 고향으로 돌아와 적치(敵治) 90일 간의 생활을 경험해야만

했다.

동네 청년들을 모아서 의용군으로 내보내는 과정에서 기준이 아빠는 내무서원 총에 맞아 희생되니 식민지 시대, 제국주의 일본에 끌려갔다가도 무사히 돌아온 시골 청년이 조국에서 같은 동포의 총에 맞아 세상을 뜨니 공산주의가 무엇이고 민주주의가 무엇인지도 잘 모르는 20대 청년은 한 명의 아들과 두 명의 딸을 남겨놓고, 청상과부인 아내가 가장노릇을 하게 되니 그때부터 가정이 엉망이 되기 시작하였다.

10년 가까이 세월이 흐르는 동안 남북 간에는 정전이 되고 휴전선이 훨씬 북쪽으로 새로 그어지는 이유로 기준이의 고향은 다시 인제군 남면으로 행정구역 명칭이 바뀌고 면사무소는 새로 생긴 신남리로 이동하였고 인제군이 수복되면서 옛 면사무소 자리에는 군단사령부(軍團司令部)가 위치하고 군사도시로 가까이 성장하게 시작되었다.

기준은 그동안 편모슬하에서 그래도 무럭무럭 자라서 신남중학교 일학년에 재학 중이었다. 그런데 그 어머니마저 신남장터에서 푸성귀를 팔고 집에 오는 길에 커브지점에서 군용 트럭에 치어 병원에 입원할 기회도 없이 불귀의 객이 되고 말았으니 참으로 난감한 일이었다. 부대장이라는 사람이 와서 작전 중인 군용차량이었다는 설명으로 이해를 부탁하였고 동네 유지라는 김OO이라는 사람을 대동하고 와서 전쟁의 뒤끝이라 그렁저렁 얼버무리고 한 영혼은 하늘나라로 가고 부잘 것 없는 육신만 피투성이가 된 채 땅속으로 들어가니 한 인생의 화폐적 가치는 정말 별것이 아니었다.

▲ 안산문인협회 주최 안산지역 작가와의 만남에서 안산시장 일행과 함께

그 후로는 오직 할머니만 의지하고서 살게 되었으니 할머니는 기준에게는 구세주(救世主)였다. 산골 외 따른 집에서 농사를 지으면서 밭에서 나는 채소를 광주리에 이고 들고 다니면서 양공주 동네 미군부대가 있었음으로 껌둥이와 사는 색시에게도 가서 팔고 흰둥이와 사는 색시를 찾아가서도 팔았다. 시골 꼬부랑 할머니가 동냥삼아 하는 행상에 인정 많은 양공주들이 동정심으로, 혹은 측은해서 도와주는 덕분에 중학교도, 고등학교도 졸업할 수 있었다.

돌아가신 할머니를 양지 바른 곳에 모시고 동네에서 비슷한 처지의 처녀와 짝을 맺으니 양골 집 손자가 어엿한 가장이 되어 정말로 두 내외가 열심히 살았다. 할머니의 강인한 성격을 이어받은

30대 청년은 뼈골이 빠지도록 화전을 일구고 산속에서 무와 배추를 새마을 운동에 맞추어 생산하고 판매하니 가세(家勢)도 튼튼해지고 큰 아들부터 시작해서 아들 넷, 딸 둘을 잘도 키워서 어머니가 돌아가셨을 때 군부대장이 유지로 함께 왔던 대한청년단장(면소재지)이 살던 집을 사고 들어가서 살게 되니 그 동네에서는 어엿한 부자행세도 할 수 있게 되었다. 그러나 천성이 착하고 부지런하여 동네서 미움 받지 않고, 산전수전 다 겪은 사람답게 살고 있으니 남부러울 것이 없었다.

환갑을 넘기고 보니 뿌린 씨앗이 넉넉하여 애들 여섯을 전부 강원대학을 졸업시켰다. 끝으로 막내딸을 시집보내는 날, 얼마나 시원섭섭한지 자기책임을 다한 것도 같고 큰일을 성취한 보람도 느꼈으며 일가친척을 불러놓고 화려하지 않은 결혼식을 가졌다. 셋째 아들은 인제 군청에서 군수비서실장으로 수년째 근무하고 있으니 어따 내 놔도 손색없는 가정을 이룬 것이다.

할머니의 큰사랑

1.4후퇴 시 우리가족은 할머니만 남기고 집을 떠났다. 할머니 생각엔 고무락에 있는 친정조카들을 밥을 해먹이려고 그러신 거다. 방안에 가득 찬 인민군들은 곧 전쟁터로 갈 것이라 생각하고, '황소 한 마리를 지킨다.'는 핑계로 눌러앉은 것이다. 그러나 그것은 전쟁에 대한 경험도 없고 판단력도 약한 할머니의 오산이었다.

방안에 있던 적군 우두머리 생각에도 좀 이상한 생각이 스친 모양이다. 수군거리는 소리가 나더니 '이 집이래 반동분자 집 아닌가?'라며 뒤에서 총을 쏴도 도망가니, 할머니는 뒤란으로 밥 올려주러 가다가 들은 말이 섬뜩해서 그냥 뒷산으로 올라갔다. 절체절명의 순간이었다. 겨울 해는 짧아서 사방이 어둠 캄캄하고 한치 앞도 안보였다.

인민군들이 온 집안을 뒤지기 시작하였다. 부엌 나무가리 속에서 총이 나오고 군복이 나오고 경찰복이 왔다. "할망구 빨리 잡아 숙이라우!" 그러나 이미 할머니는 매일 다니던 산길이라 절골, 곽골, 양골을 거쳐 도망치고 없었다. 지형이 미숙한 인민군들이 지형에 익숙한 할머니를 따라잡을 수 없는 것이었다. 놈들은 외딴집에서 일어난 일이지만 많은 교훈을 남기고 M1소총, 칼빈소총, 군복 등은 전품으로 처리하고 소는 잡아서 배를 채웠을 것이고, 낮에 방안천정에서 물방울이 떨어질 때 확인 안한 사실을 후회하면서 부대이동을 했을 것이다.

고무락엔 누가 있나

김 석 준

고무락엔 후퇴할 길이 막힌 3명의 경찰이 숨어었다
할머니의 친정조카들이다
방 안엔 북한군이 가득히 앉아있다
초등학교 5학년 12살의 몸으로
나도 그 속에 함께 앉아있다

천장에서 물방울이 뚝뚝 떨어지고 있다
"이거이 무스기 물이지비?"
북한군 대장이 묻는다
"초가지붕 위에 쌓여있던 눈이 녹아서 떨어지네!"
태연하신 할머니의 설명이다

나는 그 소리를 듣고 살짝 밖으로 나와 무조건 뛰었다
논두렁 밭두렁을 뛰어 삼촌네 집에 뛰어들었다
'한참 시간이 지나도 총소리가 나지?'
나는 생의 본능을 느끼며 다시 집으로 되돌아간다
놀란 식구들이 잠시 후 보따리를 이고 지고 들고 집을
나섰다
"동무들 어디 가오. 가다가 총 맞아 죽습메"

다라라락, 뒤에서 총소리가 들릴 것 같다
집에는 황소 한 마리 지키겠다고 늙은 할매만 남겨 놓고
1.4후퇴 피난길에 오른 것이다
지난여름 어느 날엔 국군이 안방 가득히 앉아 있다
새벽이 되자 비상나팔을 누군가 불어재꼈다
순식간에 군인들은 어디론가 사라졌다
북진하는 군인들이 하룻밤 쉬어가는 모양이다

우리 집은 이렇게 아군과 적군
저들이 필요할 때 모두 거쳐 간 집이다

만약 그때 천정을 확인하고 고무락을 덮쳤더라면 오늘의 나는 없을 것이다. 『고무락엔 누가 있나』라는 내 시집도 『어론리의

추억』이란 수필집도 없을 것이다.

나는 할머니에 대한 또 하나의 추억을 가지고 있다. 전혀 다른 장소, 다른 시점의 이야기다.

1952년 5월 어느 날, 강원도 피란민을 충청북도 청주시내 어느 중학교 운동장에 집결 시키더니 황토색 통운트럭 수십 대를 동원하여 타라는 것이다. 그 후 W시 어느 산비탈에 내려놓고 여기서 생활하라는 것이다. 우리 가족은 제일 높은 야산 봉우리에 땅을 파서 반지하의 터전을 마련하고 생활하고 있었다.

그러던 그해, 여름도 거의 지나고 초가을로 접어든 때였다. 비가 몹시 쏟아지는 어느 날 밤, 할머니는 어디 가신다는 말도 없이 나가셨다가 커다란 배추 한 포기를 들고 오셨다. 그래서 온 집안 식구가 배춧국을 끓여서 배불리 먹었다. 조미료도 제대로 없을 처지인데, 먹을 물도 저 밑에 동네 내려가서 길어오는 판국인데 맛있었다는 기억은 없고 배불리 먹었다는 기억뿐이다.

할머니는 낮에 어딘가는 찜해놨다가 폭우가 쏟아지는 날 밤 식구들에게 허기진 배를 채워주는 모성애가 발동한 것이란 생각이 든다. 인민군이 가득 앉은 방안 천정에서 물이 떨어져도 '시골집 지붕에 쌓인 눈이 녹아서 떨어지는 물'이라고 태연하게 둘러대고, '친정조카들이 복장과 소총들을 부엌 나무더미 속에 숨기고 고무락에 올라앉아 있어도 끼마다 먹을 것을 얹어주는 용기'는 할머니가 아니면 흉내도 낼 수 없는 큰사랑이자 인간적인 사랑이었다는 생각이 든다.

존경스럽습니다. 할머니! 그 신수현 할머니가 낳아주고 키워주신 아들 셋, 딸 둘도 다 모두 하늘나라로 가시고, 이 장손만 홀로 남아 가족사(家族史)의 기록으로 남기렵니다.

장모님께 편지 올립니다

환절기입니다. 입동도 지나고 소설, 대설이 예고되니 나뭇잎도 낙엽이 되어 다 떨어지고 날씨가 추워지는 요즈음 마음과 몸이 평안하신지요? 윤진이 엄마는 요새 병이 나서 고생중이랍니다. 걸어 다니지도 못하고, 서지도 앉지도 못하고, 고생고생 하다가 병원에서 나와 집에서 약 먹고 며칠에 한 번씩 병원에 다니면서 통원치료를 하고 있습니다.

안산 고려대학교 병원 응급실에 두 번씩이나 실려 갔었고, 몇 년 전에 장모님께서 안산에 오셔서 입원 하신 적이 있는 사랑의 병원도 수차례 응급실에 실려 다니다가 2주 동안 입원을 했으나, 더 큰 병원으로 가라고 해서 서울에 있는 가톨릭대학병원에 입원해 있습니다. 한 달 동안 치료를 한 결과 지금은 통증은 사라지고 다리에 힘이 없고 발바닥에 모래자갈이 받치는 것 같아서 계속 누워있는 상태입니다.

병원생활 중 각종 검사는 다 해보았습니다. MRI촬영, CT촬영, 피검사, 근육검사, 컴퓨터로 하는 검사까지도 마쳤으나 의학적으로 아무 이상이 없고 피로하고 과로해서 생긴 병이라서 잘 먹고 잘 자고 배설만 잘하면 완쾌될 수 있다고 합니다.

퇴원확인서에 쓰인 병명에는 근육염이라고 하니 고질병은 아닌 것 같습니다. 아들 셋 낳아 잘 키우고, 셋 모두 대학 교육까지 시켜서 장가보내고 요새 같이 힘든 세상에 고등학교 선생님으로, 광주에서는 학원을 운영하는 원장으로, 동아일보에서, 제각각 사람구실을 할 수 있도록 키우는 과정에서 얼마나 몸과 마음이 피로하였겠습니까?

여자 나이 70을 넘기다보니 옛날 같지는 않고, 그러나 장모님을 생각하면 할수록 자주 찾아뵙지도 못하고 거제도 외숙모님에게 연락해서 찾아뵙고 이야기 거리나 되새기면서 마음을 위로하시라고 연락을 한 일 외에는 어찌 할 바가 없었습니다.

그래도 오래 전에 윤진이 엄마와 국민건강보험 절차를 밟아 요양원에 입원할 수 있도록 절차를 마련해 드린 것이 얼마나 다행인지, 그리고 천주교 부산교구에다 장모님 안식처도 미리 마련해놓은 것도 얼마나 다행인지, 가끔씩 둘이서 이야기를 나누고 있답니다.

장모님! 지금은 형편상 요양비를 일부 보내는 입장에서 매달 얼마씩 진우 아빠 통장으로 보내는 실정이니 그리 아시고, 마음 편안하게 요양원 생활에 잘 지내시길 바랍니다.

다시 찾아뵙는 날까지 안녕히 계십시오.

2011년 11월 22일 사위 김석준 올림

선배가 후배에게

내겐 늘 가슴이 답답해지는 천추의 한(限)이 하나 있었다. 학력에 대한 콤플렉스였다. 그 콤플렉스를 탈피하기 위해 학습할 수 있다는 시스템이 도입되었을 때, '70대를 향해가는 세대가 젊은 사람들과 공부를 하려면 정상적인 일이 아닐 것'이라는 생각으로 고민도 하면서 배움의 문을 두드렸다.

입학할 수 있었던 것은 적합하다는 판단이 아니고, 일평생을 배우며 산다는 것이 옳다고 생각했기 때문이었다. 어울리지 않겠는가? 21세기 정보화사회 출발점에서 평생교육법에 의한 한국디지털대학 학에 관한 가족회의를 열어서 아들, 며느리, 손자들의 의견도 들어보았다. 그런데 고등학교 국어교육 과목을 담당하고 있는 큰아들의 반대가 있었다. 2002년 당시 검증되지 않은 시스템으로 시작하느니만치 시행착오가 있을 수 있다는 것이다. 망설여졌다. 그러나 나는 지원을 했고, 합격해 출발했다.

우선 컴퓨터로 학습을 해야 되는데, 리포트를 쓰고 편집해서 제출하는데, 제출되는 과정에서 잘못된 것은 없었는지 궁금하였다. 제출된 리포트를 다운 받아서 읽어보고 수정하면서 새로운 호기심과 성취감도 느꼈다. 그렇게 손자 놈보다 못한 워드 실력으로 자판을 두들기면서 반복학습이 계속되었다

다음, 나는 새벽형 인간으로 바뀌었다. 낮에는 일과시간에 맞게 출퇴근을 영위하다 보니까 늦게 자든 일찍 자든 잠자리에 들 때가 새벽 3~4시니 생채리듬이 완전히 바뀌었다. 제2천성화로 정착되어 새벽에 일어나서 뉴스도 체크하다 보면 관련되는 링크를 찾아서 클릭을 하고 시간도 넉넉해서 안산에서 중곡동 사무실까지 여유 있게 출근할 수 있게 되었다. 나는 메트로에서 정년퇴직을 했지만 감리단에 재취업한 상태였다.

또한 직장관계로 부산에 가서도 지장 없이 학습할 수 있었다. 감리단 임무를 수행하면서도 학습하는데 아무 지장이 없었다. 일반 대학에 다니면서 출석학습을 해야 한다면 시간적으로 도저히 불가능한 것이 한국디지털대학에서는 되니 꿈같은 세월이었다.

그리고 나는 학습 면에서 실패도 있었다. 나는 연계 전공으로 영어를 선택해 영화 한 편을 보고 리포트를 제출하게 된 것을 모르고, 중간고사 기말고사만 보았는데 뜻 밖에 F학점이 나와서 당황한 일도 있었다. 성적정정 기간을 노려보았으나 실패했다. 새 학기 학교방침이 상대평가를 해야 하기 때문에 그렇다는 것이었다. 그 바람에 2월 졸업을 못 하고 8월 졸업을 하게 되었고, 오히려 졸업에 대한 긍지도 가질 수 있었다.

너무도 당연한 일이기에 한 학기를 더 학습하게 되었다. 『동양

▲ 평생 배우는 삶을 실천한 김석준 작가의 조선일보 신문기사 중에서

명시 명문 감상』 과목을 하나 더 하고 웹 기획을 이해하고 졸업하게 되었으니, 이것이 인생사 새옹지마이니 이는 내 스스로 포기한 것이고 미련은 없다.

후배들에게 간곡하게 부탁하고 싶은 것이 한 가지 있다. '상호작용을 활발하게 하라'는 것이다. 총장님이 강의하실 때, "문화로의 초대", "포스트모던 시대"에 대한 강의를 하셨는데 학교 8층 미디어실에서 진행되었다. 그런데 질문 답변 시간 때, 너무 한가

한 생각도 들지만 후배님들은 후회 없는 상호작용을 이뤘으면 좋겠다.

관련 근거가 평생교육법에서 고등교육법으로 적용을 받게 되면, 적령기의 교육의 패러다임이 획기적으로 개선되어 혁명적인 변화가 있을 단계로 업그레이드 될 것으로 전망된다.

끝으로 평생교육학과가 내가 입학할 때는 디지털교육학과였다. 한밤중에 부산 화명동에서 밤중에 교수님 전화를 받고 의견 회상을 끝마쳤다. 앞으로 본교에 온라인상으로 대학원 코스가 생긴다. 디지털 개방으로 외국의 유명 온라인 대학이 들어와 공부할 수 있게 되었다. 온라인으로 대학원을 다니는 것 역시 나의 꿈이다. 과연 마지막 꿈이 실현될 날이 나에게 올 것인가?

- 2007년 8월 어느 날

김 선생의 비문(碑文)

그는 지금 이 세상 사람이 아니다.

2013년 9월 30일 학교를 등지고 그리고 부모를 뒤에 두고 먼저 세상을 떠난 故 김윤진(다니엘) 선생의 학교 장례식장을 다녀왔다. 도저히 실감이 나지 않는 너무도 갑작스레 찾아온 아들놈의 죽음은 부모의 가슴에 못을 박고 떠났다. 첫날 제1미사의 현장에서 '꿈이 아니고 현실이구나.', 그리고 '세상을 떠나는 절차를 밟고 있구나.'하는 생각을 하게 되고, 제2장례미사가 시행되는 대천동 성당 안에서, 학교 교정에서 시행되는 절차에서 '정말로 이 세상 사람이 아니구나.'하는 생각이 들더니 교실에 올라가서 3학년 1반 교실에 들어서니 칠판에 써놓고 가르치던 문구의 글과 김윤진이란 이름을 보니 '여기가 마지막 수업일의 현장이었구나.'하는 생각에 보고 싶은 마음이 더욱 간절해졌다. 51년을 살고 이 세상에 태어난 그날 9월 30일 생일날에 가다니! 그날이 26년 교직생활의 마지막 수업 일이었고 그날 가족과 함께 한 저녁식사가 최후의 만찬이 될 줄은 아무도 몰랐다.

그는 군인의 아들로 태어나 대전문화초등학교를 시작으로, 5개의 초등학교를 거쳐서 해운대중학교에 입학한다. 군인 자녀들 교육이 문제가 되어 한시적으로 춘천지역에 제일 고등학교를 설립하게 되어 졸업하게 된다. 김다니엘은 청운의 뜻을 품고 대학 진학하였는데, 성격상 법과대학을 가라고 하였더니 당시 국보적 존재인 서정주 시인과 양주동 박사를 들먹이며 동국대학교 사범대학에 진학하여 국어교육과를 졸업하였다. 그리고 우수한 성적으로 1987년도 사립중등학교 교원 임용후보자 전형에 합격하여 대학 졸업행사 전에 가톨릭재단에 속하는 고등학교에 발령 받고 26년 동안 교직생활을 하다가 세상을 떠났으니 육친의 아비의 입장에서 얼마나 가슴 아픈 일인지 그 슬픔은 헤아릴 길이 없다. 애비는 가슴속에 자식을 묻고 올라왔다.

내가 경기도립안성병원에 도착한 것은 밤 열시가 넘은 시간이었다. 나는 시체를 해부해보자고 하였다. 병원 현관에 도착해서는 살아있었고 왜 응급처치를 못했는지 이해가 되지 않았다. 도립병원의 시스템이 이해가 안 되었다. 그리고 선진국에 진입한 오늘의 의료현실을 확인하고 싶었다.

2층 장례식장 주위는 소란스러웠다. 학생들이 줄이어 조문 행렬이 계속되고 있다.

"부검해보자."

"아들의 의견은?"

"딸의 의견은?"

"배우자의 의견은?"

전부 NO였나. 나는 부검해보년 제일 처음 학교 발령받고 얼마 안 되어 연구수업 준비로 며칠 밤을 새우다시피 하고, 연구수업으

▲ 김윤진 다니엘의 납골묘에서

로 연 3일간 하루 6~8시간씩 땀 흘리며 수업한 흔적이 나올 것 같았다. 그 후 26년간 고등학교 국어교육을 위해 청춘을 바친 이력이 나올 것 같았다. 특히 마지막 수업일의 마지막 시간이 가슴을 뚫고 설치한 용수철의 백만 분의 일 마디마디에 피와 함께 엉겨 붙은 추억의 필름들이 돌아가다 정지한 현장이 보고 싶었다. 그러나 부검은 실현되지 않았다.

교장신부님의 사랑과 교감선생님의 수고로우심, 여러 선생님들의 배려, 수많은 학생들의 동참 속에 성스럽게 치러진 학교장례식 행사에 감사하다는 말씀 올린다. 어떠한 선생님 상을 심어놓고 떠났는지 몹시 궁금하기도 하다. 다니엘은 가문의 자랑이었으며, 한 가정의 기둥이었다. 성격이 온순하여 남 앞에서 자신을 자랑하지도 않는 성격, 겸손하여 누구를 시기할 줄도 모르고 오직 자기 할 일만 하는 더욱이 조상의 가르침이기도한 정직이란 사고가 그의 인생항로를 지배한 것은 아닌지 하는 아쉬움도 남는다. 단지 부모로서 우려되는 점은 아직 배움의 길에 서있는 아들과 딸을 남겨두고, 세상 살아나갈 힘이 부족한 生의 동반자를 이 세상에 남겨놓고 다시 못 올 저 하늘나라로 떠난 고인의 마음이 편치 않으리라는 생각이 든다. 며칠 전 추석 때 집에 왔을 때 정년이 몇 년 남았느냐고 물으니 15년 정도라는 말을 듣고 그러면, 애들 교육 다 시키고, 결혼시키고 부모의 역할을 다할 수 있게구나 하는 대화를 나눈 것이 너무 방정맞은 대화는 아니었는지 후회가 되기도 한다.

나는 군 연금으로 여생을 이어가고 있지만 고인의 유족들은 과연, 연금이 얼마나 되는지 기타 등등이 뒤에 남은 사람들의 생계가 우려되어 잠을 이룰 수가 없다.

반백년을 살다간 아들놈이 26년을 외길로 봉직해온 가톨릭재단 교육현장에서, 작년도에는 심장수술을 받았고, 금년도에는 그 연장선상에서 재차 쓸어졌으니, 죽음에 대한 복은 타고 났다는 생각이 들기도 한다. 교직자가 자기 건강에 대한 관리가 그렇게 쉽지만은 않은 오늘의 대한민국 현실에서, 정년까지 간다한들! 나머지 생을 골골하다 죽음을 맞이하는 것보다, 군인이 전쟁터에서 죽는 것과 다를 바 없는, 선생이 교육현장에서 생을 마감 하는 것도 값진 생애라 사료되어 슬픔과 위로를 함께 받으며 자식의 죽음을 반추하고 있다. 아들놈이 그렇게 자랑스럽게 생각했던 안법고등학교가 계속 발전하고 우리나라의 가톨릭이 순교자들의 흘린 피로 대한민국의 종교범위를 확대하듯이 아들놈이 교육현장에서 흘린 땀방울이, 학교 발전에 보탬이 된다면 값진 인생이었다고 생각하면서 교실백판에 남기고간 비문(碑文)을 기록 한다. 그 비문 속에 담겨있는 내용이 교육철학인가? 인생철학인가? 26년 동안 바라본 제자들의 푸른 신호등(信號燈)인가? 그놈은 죽으면서 비문(碑文)[17]을 남겼다.

서풍헌도[18]

김 윤 진

아침 찬바람이 길을 열어준다
모처에서
혜원아 제원아 찬탄하라
도로 우편에 늘어서 있는 10개의 푸른 보안등을

---

17) 비문이 적혀있는 사진은 그의 세상 마지막 주소인 수원교구 안성 충혼묘원 7x블록 000호 납골당 문짝에 붙어있다. 그가 담임했던 학생 클래스 전체 속에서 웃고 있고, 그리고 비문이 들어있는 액자 속엔 세상에서의 동반자와 함께한다.

18) 학교 장례식 날 선생님의 인도로 마지막 수업 교실에 들어가 보니 칠판에 적혀 있었다. 돌에 새겨놓은 비석도 아니고, 나무에 새겨 넣은 비목(碑木)도 아니고 사진(寫眞)액면(額面)속에 들어 있는 비문(碑文)이다.

校長 神父님께 보내는 편지

저는 지난 9월 30일 OO고등학교에서 교직을 천직으로 살다가 학교를 등지고 그리고 부모를 뒤에 두고 먼저 세상을 떠난 故 김윤진(다니엘)의 아비 되는 사람입니다.

감사합니다. 고맙습니다. 배려하심에 일을 무사히 끝내고 돌아왔습니다. 도저히 실감이 나지 않는 너무도 갑작스레 찾아온 아들놈의 죽음은 부모의 가슴에 못을 박고 떠났습니다. 첫날 제1미사의 현장에서 '꿈이 아니고 현실이구나.' 그리고 '세상을 떠나는 절차를 밟고 있구나.'하는 생각을 하게 되고 제2장례미사가 시행되는 대천동성당 안에서, 학교교정에서 시행되는 절차에서 '정말로 이 세상 사람이 아니구나.'하는 생각이 들더니 교실에 올라가서 0학년0반 교실에 들어서니 칠판에 써 놓고 가르치던 문구의 글과 '김윤진'이란 이름을 보니 '여기가 마지막 수업일의 현장이었구나.' 하는 생각에 보고 싶은 마음이 더욱 간절해졌습니다.

51년을 살고 이 세상에 태어난 그날(9월 30일)에 가다니! 그날이 26년 교직생활의 마지막 수업 일이었고 그날 가족과 함께한 저녁식사가 최후의 만찬이 될 줄이야 하느님이 아니시면 누가 감히 짐작인들 하였겠습니까?

김 다니엘은 청운의 뜻을 품고 進學하였는데, 성격상 法科대학을 가라고 하였더니 당시 국보적 존재인 서정주 시인을, 양주동 박사를 들먹이며 동국대학교 사범대학(師範大學)에 진학하여 국어교육과(國語教育科)를 졸업하고, 우수한 성적으로 1987년도 사립 중등학교 교원 임용후보자 전형에 합격하여 대학 졸업 행사 전에 가톨릭재단에 속하는 고등학교에 발령받고 26년 동안 교직생활(教職生活)을 하다가 세상을 떠났으니 육친의 애비의 입장에서 얼마나 가슴 아픈 일인지 그 슬픔은 헤아릴 길이 없습니다. 애비는 가슴속에 자식을 묻고 올라왔습니다.

교장신부님의 사랑과 교감선생님의 수고로우심, 여러 선생님들의 배려, 수많은 학생들의 동참 속에 성스럽게 치러진 행사에 거듭 감사하다는 말씀 올립니다. 어떠한 선생님 성(像)을 심어놓고 떠났는지 몹시 궁금하기도 합니다.

다니엘은 가문의 자랑이었으며, 한 가정의 기둥이었습니다. 성격이 온순하여 남 앞에서 자신을 자랑하지도 않는 성격, 겸손하여 누구를 시기할 줄도 모르고 오직 자기할 일만 하는 더욱이 조상의 가르침이기도한 정직이란 사고(四考)가 그의 인생항로를 지배한 것은 아닌지 하는 아쉬움도 남습니다.

단지 부모로서 우려되는 점은 아직 배움의 길에 서 있는 아들과 딸을 남겨두고, 세상 살아나갈 힘이 부족한 生의 동반자를 이 세상에 남겨놓고 다시 못 올 저 하늘나라로 떠난 고인의 마음이 편치 않으리라는 생각이 듭니다. 며칠 전 추석 때 집에 왔을 때 정년이 몇 년 남았느냐고 물으니 15년 정도라는 말을 듣고 그러면,

애들 교육 다 시키고 결혼시키고 부모의 역할을 다할 수 있게구나 하는 대화를 나눈 것이 너무 방정맞은 대화는 아니었는지 후회가 되기도 합니다.

저는 군 연금으로 여생을 이어가고 있지만 고인의 유족(遺族)들은 과연, 연금이 얼마나 되는지 기타 등등이 뒤에 남은 사람들의 생계가 우려되어 잠을 이룰 수 가 없습니다.

존경하는 교장신부님! 반백년을 살다간 아들놈이 26년을 외길로 봉직해온 가톨릭재단 교육현장에서, 작년도에는 심장수술을 받았고, 금년도에는 그 연장선상에서 재차 쓸어졌으니, 죽음에 대한 복은 타고 났다는 생각이 들기도 합니다. 교직자가 자기건강에 대한 관리가 그렇게 쉽지만은 않은 오늘의 대한민국 현실에서, 정년까지 간다한들! 나머지 생을 골골하다 죽음을 맞이하는 것 보다, 군인이 전쟁터에서 죽는 것과 다를 바 없는, 선생이 교육현장에서 생을 마감하는 것도 값진 생애라 사료되어 슬픔과 위로를 함께 받으며 자식의 죽음을 2주째 반추(反芻)하고 있습니다.

재삼(再三) 감사(感謝)의 말씀을 드립니다. 아들놈이 그렇게 자랑스럽게 생각했던 00고등학교가 계속 발전하고 우리나라의 가톨릭이 순교자들의 흘린 피로 대한민국의 종교범위를 확대하듯이 아들놈이 00고등학교에서 흘린 땀방울이 00고등학교 발전에 한 줌의 흙이라도 보탬이 된다면 값진 인생이었다고 생각하면서 끝을 맺을까합니다. 그런데 그놈은 죽으면서 애비에게도 값진 교훈을 남겼습니다.

- 2013년 10월 15일 故 윤진(안드레아) 父 석준(요셉) 올림

행정실장님께

실장님! 그동안 안녕하셨습니까? 수고해주신 덕분으로 오는 25일이면 제 계좌로 첫 유족연금이 들어오는 날이라 더욱 먼저 저세상으로 떠난 아들놈의 흔적을 온몸으로 느끼게 되는 것에 전율이 느껴지기도 합니다.

지난 일요일(11월 17일)에는 며느리한테서 49제일이라는 연락을 받고 집사람과 함께 고인의 납골당에 가서 연도를 바치고 올라왔습니다. 벌써 50일이 지나가고 있으니 세월의 무상함을 막을 길이 없습니다. 자연의 순리대로라면 당연히 내가 먼저가고 아들놈이 애비의 49제에 참석해서 눈물을 흘리고 앉아 있어야 할 터인데, 거꾸로 아들놈의 49제에 애비가 참석해야하는 얄궂은 운명 속에서 나는 눈물도 나오지 않았습니다.

더욱 수척해진 며느리의 얼굴빛에서 그림자를 발견하게 되고 손자 손녀의 얼굴을 쳐다보니 애비의 울타리가 없어졌음을 실감할 수 있었습니다. 재해 보상금은 어떻게 받는 것이며, 정년을 채우지 못한 15년에 해당하는 배상금은 누구로부터 받고 어떤 절차를 밟아야 하는 것인지 답답하기만 했습니다.

그날 밤 8시경. 며느리와 통화 중 고인이 담임했던 반 아이들 4명이 납골당에 선생님을 만나러 왔다가 장소를 찾지 못 하고 헤맨다는 말을 듣고 얼마나 놀랐는지! 밤12시가 다되어갈 무렵 경민(손자)이가 서툴게 차를 몰고 가서 안내도 하고, 위로도 하고, 고맙단 말도하고, 안성시내에 와서 밥도 사주고 일일이 집까지 바래다주었다는 말을 듣고서야 잠자리에 들 수 있었습니다. 역시 배우는 학생들의 마음은 천사와 같았으며 우리 김윤진 선생의 영혼도 위로를 받았을 것이라 생각했었습니다.

부탁의 말씀!

학교 장례식 때 사진이 보고 싶습니다.

그리고 다른 고인과 관련된 사진이 있으시면 좀 보내주실 수 있는지 부탁드립니다.

끝으로 제가 고인의 학교에 대한 기여도를, 조직에 대한 헌신도를, 주위에 대한 인간관계를, 모르면서 재해보상청구서를 독촉할 수는 없으나, 자살자도 재해보상을 받는 조직이 있다고 하니 학교당국의 선처만을 바랄 뿐입니다.

2013년 11월 22일 금요일.

– 故 김윤진 先生 父 올림

시간은 공간보다 위대하다19)

지구가 스스로 자전하면서 하루가 지나면 하루만큼 성장하고, 쉼 없이 또 하루가 다가온다. 이렇게 3,650번을 자전하면서 열 번을 공전하면 10년이란 세월이 가고 그만큼 성장하고 변하고 그리고 또 다른 10년 세월이 연속해서 7번 반복되니 인생의 성공과 실패도 반복되어 결론적으로 말하면 나도 이제는 황혼 길에 들어서서 후손에게 물려줄 유산을 준비하고 있다.

내 삶의 공간은 우주 공간에 떠 있는 지구의 동쪽 끝, 토끼꼬리처럼 대륙에 붙어있는 한반도(韓半島)의 태백산 줄기 부분에서 시작되었다. 수백 년 동안 대륙의 지배도 받아보고 수십 년간 섬나라의 지배도 받아 보았으나 1945년 8월 15일 제2차 세계대전이 연합국의 승리로 끝남으로서 일제 식민지에서 해방된 우리나라

---

19) 『복음의 기쁨』, 프란체스코 교황 권고, 한국천주교주교회의·한국천주교중앙협의회, 2013, 8. 222항, 223항, 시간은 우리 앞에 언제나 열려 있는 지평의 표현으로서 충만함과 관련되지만 개별적인 순간들은 제한된 공간 속에서 살아가는 한계의 표현입니다. 사람들은 개별적인 매 순간을 살아가는 동시에 우리의 최종 목적인 낙원의 미래로 이끌어 주는 더 위대하고 밝은 지평을 살아갑니다. 여기에서 국가건설의 진전을 위한 첫째 원칙이 나옵니다. 곧 '시간은 공간보다 위대하다'는 원칙입니다. 이 원칙은 눈앞의 즉각적인 결과에 집착하지 않고 장기적으로 천천히 확실하게 일할 수 있도록 해줍니다.

▲

는 역사의 수레바퀴를 새로 돌리게 되었으며 우리나라를 군화발로 짓밟던 일본 놈들은 히로시마 나가사키에 원자탄 세례를 받고 초토화 되었으며 ‘가네모도 햐꾸중’이라 불리던 나의 이름도 김석준이란 원래이름을 되찾았다. 프란치스코 교황님께서 제일 원칙으로 하신 말씀, ‘시간은 공간보다 위대하다’고 가르치신 말씀은 나를두고, 우리나라를 두고 하신 말씀이 아닌가?

시간과 공간의 상징성에 생각이 많아졌다. 프란치스코 교황이 순교자 124위의 시복식을 집전할 때는 광복절 다음 날이고 장소는 서울 광화문 일대였다. 교황의 뒤로 경복궁이, 앞으로 세종대왕과 이순신 장군 동상이 자리 잡고 있는 것을 눈여겨보며 조선의

흥망, 광복과 분단 등 역사를 돌이켜보지 않을 수 없었다.[20)]

그날, 8월 15일 해방이 되던 날! 12시를 못 참고 뒷산에 올라 밤나무에 목을 매 自殺하는 가정적인 비극이 있었으니, 그 전날(8월 14일) 일본 놈 순사에 끌려가 고춧가루 물고문을 혹독하게 당하고 내일 12시까지 다시 지서로 오라는 강압에 두려움과 공포에 빠져서 세상을 하직했던 것이다. 두 시간 앞을 못 내다보고 악독한 일본순사를 남편이 두들개 패는 복수극을 못보고 가셨으니, 얼마나 통탄할 일인가! 나는 아버지가 할머니 시체를 업고 산에서 내려오는 것도 보았고, 그 이튿날은 할머니를 고문했던 별명이 장몽둥이였던 일본앞잡이 순사가 일본으로 도망가려고, 인제에서 서울 가는 버스를 타고 온다는 소식을 듣고, 동네 청년들이 신작로에 나가 버스를 세웠으나 그냥 뺑소니치려고 해서 큰 돌멩이를 차바퀴 앞에 놓고, 차에 올라 일본순사를 끌어내려 죽도록 패며 한풀이 하는 장면, 그래서 피를 흘리며 건물 안에 끌려들어가는 모습도 똑똑히 보았다. 당시 버스는 숯을 때고 다니는 목탄차[21)]이였기 때문에 속도도 느리고 돌을 받치면 꼼짝 못했다.

한치 앞도 못 보는 인생, 아니 한 시간의 국가운명도 예측 못하는 시간의 흐름, 하루아침에 대동아를 꿈꾸고 만주벌판에 괴뢰 국을 세웠던 일본, 중국대륙, 동남아대륙을 삼키고 하와이를 기습하

---

20) 광화문 광장에 선 프란치스코, 동아일보, 논설위원 한기흥, 2014.8.30. 참조
21) 1945년대 버스는 숯을 피어서 다니는 원시적인 교통수단이었다.

고 미대륙까지도 탐내던 왜놈들은 하루아침에 무너졌다. 그래서 프란치스코 교황님은 '시간은 공간보다 위대하다.'고 말씀하셨나 보다.

1979년 4월 14일 제3관구 사령부 군종신부 방윤석(벨라도)님으로부터 나는 요셉으로, 집사람은 마리아라는 세례명으로 영세를 받았다. 그 후로 18번 이사를 하면서 아들 셋을 키워 과천성당에서 신부님을 주례로 결혼을 시켰고, 반려자들도 모두, 손자 손녀들 여섯 명도 세례를 전부 받았으니 일단 성가정(聖家庭)의 틀은 마련했으나, 이제 복사로 하고 있는 김유성 마르코가 성직자의 길을 갈 수 있을지 우리 집안의 숙제인 것이다.

신앙을 유산으로
배움을 유산으로

김석준 요셉, 옥정자 마리아, 고 김윤진 다니엘, 조은경 세실리아, 김경민 미카엘, 김소미 안젤라, 김윤선 프란치스코, 황미영 글라라, 김유신 베드로, 김유리 소피아, 김윤일 안드레아, 권순미 세실리아, 김유성 마르코, 김유민 실비아.

기준은 복음화에도 적용됩니다. 이는 가능한 진전의 지평을 헤아리며 먼 길을 가라고 요구합니다. 주님께서는 친히 당신의 지상 생활 동안 자주 당신 제자들에게 그들이 아직은 이해하지 못하는 것들이 있다고, 그러니 성령을 기다려야 한다고 가르쳐주셨습니다. 밀과 가라지의 비유는(마태 13, 24-30 참조) 복음화의 중요한 측면을 설명해줍니다. 원수가 나라를 침범하여 해로운 씨앗을 뿌릴 수 있지만 결국 그는 밀의 선함에 패배를 당합니다.[22)]

이번 추석에 13명의 가족이 모여 조상님 영전에 축배의 잔을 따른다.

---

22) 『복음의 기쁨』, 225항, 176쪽

4부

10년 후의 나

스마트폰 속의 만보기(萬步機)

나는 3번째 맞는 백일장이었다. 2012년 제26회 안산별망성예술제 백일장 입선작품집에는 「세 친구」라는 제목으로 산문부문 일반부에서 장려상으로 맨 끝으로 입선하였다.

'내 나이가 어때서'라는 노래가 유행하였다고 생각된다. 망설이다가 정말로 주저주저 하다가 내가 하고 싶은 거니까 눈 딱 감고 출전한 것이 고작 장려상이었지만 무척 기뻤다. 그래서 진짜 고등학교 때 세 친구를 불러서 서울대공원 삼림욕코스를 한 바퀴 일주하다가 호수공원 샛길로 내려와 호수제방 산 쪽 끝부분 나무 아래서 작품을 읽어주고 1950년도 고등학교 시절을 이야기하면서 얼마나 웃었는지……! 그런데 그중 1명은 지금 치매에 걸려서 간병인의 도움을 받으면서 인생 마무리를 준비하고 있는 중이니 길어봤자 80년이라는 성경말씀이 맞는 것도 같다.

당시 우리학교는 서울특별시 용산구 한강로 3가 63번지에 교통부(지금 건설교통부)와 한울타리 안에 있었는데 장관이 516혁명 후 사형당한 최인규 씨였고 교장은 박임련 씨였다. 꿈 많은 고등학교시절 우리는 제임스 딘이 주연한 영화를 보았고 그 주제가도 신나게 불렀으며 박인환 작사한 <세월이 가면>이라는 노래도 센치하게 불렀던 생각이 난다. 한강 백사장에서 그 유명한 신익희, 선생의 대통령 출마연설도 들었고, 같은 백사장에서 이웃 여자고등학교인 상명여고 학생들의 탈의장도 기웃거리면서 희희낙락하던 시절도 있었다. 그런데 벌써 인생칠십고래희(人生七十古來稀)라는 용어도 무색하게 망 팔십을 바라보고 있으나 의술의 발달로 100세시대가 오고 있다니 70대에 백일장에 나가는 것이 무슨 흠이 되랴!

두 번째 백일장은 2013년 27회였는데 '자전거 타고 아이스케키!'라는 제목으로 수필을 썼지만 역시 장원은 못하고 참방상을 수상하면서 입선작품집에 실렸다. 옛날 내가 '아이스께끼'하면서 타고 다니던 자전거가 지금은 세계올림픽 종목에서도 이름도 고상하게 사이클 경주로 세계 청소년들의 꿈과 희망을 싣고 달리고 있는 것이다. 그리고 지금 안산에서는 자전거 렌트 시스템이 정착되어 수십 대의 자전거 스테이지를 형성한 자동화 시스템이 지하철역 부근에서 대학교 캠퍼스 출입구 쪽에 아니 캠퍼스 안에도 설치되어 있고 네거리 교차로 부근 대형마트 부근 또한 중고등학교 부근에도 설치되어 대중교통의 총아로도 발돋움하고 있으며 안산천(安山川) 둘레길이나 화정천 둘레길에서는 멋진 유니폼과 헬멧 등 안전장구로 안전무장한 마니아들이 자랑스럽게 질주하고 있는 것이다. 아니 유럽에서 중동 시베리아 몽고 등을 거쳐 실크로드를 자전거로 일주하고 입성한 대한의 건아들은 또 얼마나 자랑스러운

▲ 88 서울올림픽 성화와봉송로 달리기대회 참가 메달

존재들인가!

그리고 끈질기게 세 번째 금년 2014년 28회 백일장에서 「하늘나라로 먼저간 아들이 애비에게 남기고 간 숙제」라는 제목으로 수필을 쓴 것이 산문 일반인 부문에서 장원을 하면서 늦었지만 작은 열매를 맺은 것이다. 지금 우리 집 책꽂이에는 별망제백일장 수상작품집 3권이 나란히 꽂혀있다. 금년도 시상식은 상록구청 시민홀에서 11월 01일 10:00에 진행되었고, 조촐하게 진행되었다. 나는 안산특별시민으로 10년 이상 살고 있으니 강원도 제1고향보다 정이 들었고 과천에서 18년 살 때보다도 행복을 느끼며 스마트 폰에 만보기 앱을 다운받아 노적봉 둘레길을 제1코스로, 호수공원 둘레길 다녀오는 길을 제2코스로 하여 하루에 10,000보 걷기를 목표로 건강관리에 관심을 갖다보니 10월 달에는 365,376보를 11월 달에는 323,420步(보)를 걸어서 하루 평균 만보이상을 걸었다는 수치이고 12월 달에는 1일 10,440보, 2일 7,606보, 3일 6,937보, 4일 10,735보로 기록되었으며 걷기만하면 자동 저장되고 한 달이 되어 달이 바뀌면 자동적으로 리세트 됨으로 월말에는 밤 12시 전에 달력에다 이기해서 연간통계를 유지할 수도 있을 것이다. 내 고장 안산은 나에게는 산책할 곳 많고 배울 곳 많아 정말 살기 좋은 곳이다. 올여름에는 평생교육원에서 스마트폰 마스터 과정도 이수했고 가을학기에는 고전읽기와 한국사에 대해서 배웠으니, 겨울학기에는……?

나는 1953년도에 원주에서 초등학교 졸업식 날 강원도지사 상을 받은 기록이 있지만 61년이 지나서 장원으로 안산시장상(安山市長賞)을 받기는 참으로 새삼스러운 일이었다. 당시는 전쟁 중이었음으로 강원도청 및 관련기관들이 원주에 와 있었고, 원주에는 재 원주 춘천중학교, 재 원주 춘천고등학교, 재 원주 춘천사범학교 등이 문을 열고 있었으며 나는 피난민(避難民) 학교인 일산초등학교 명륜분교를 졸업하였다.

당시 중학교 입학은 우리나라 최초로 전국 제1회 일제고사를 실시하고 성적에 맞는 중학교를 선택할 수 있었는데 우리 학교 5학년 담임이었던 김행자 선생님은 내 손을 꼭 잡고 원주시내 11

▲ 아내 옥정자 여사의 서울올림픽대회 자원봉사자증과 올림픽기장

자식으로 연결된 A도로와 B도로를 한 바퀴 돌면서 서울에 있는 경기중학(京畿中學)을 가라고 인도하던 생각이 떠오른다. 그 이튿날은 다른 반 여선생님인 유영근 선생님이 같은 방법으로 같은 코스를 돌면서 나에게 간절히 원했던 생각이 겹쳐서 떠오른다. 아마도 그때 내 성적이 경기중학 입학 카트라인을 훨씬 상회했던 것으로 기억하고 있다. 그때 전국 수석은 인천지역 내 어느 초등학교 출신으로 기억되며 500점 만점에 490몇 점으로 기억된다.

그때는 이해를 못 했는데 지금 와서 돌이켜보면 우리나라 현대사(現代史)에서 K&S마크를 달았던 이들이 정치, 경재, 문화, 사회를 이끌었던 중추 세력이었던 것을 찾아보면 예나 지금이나 입시

▲ 제24회 88서울올림픽 선수촌 과천시여성단체협의회 자원봉사자 일동

제도는 많이 바뀌었지만 좋은 성적으로 좋은 상급 학교로 진학시키고, 진학하려고 했던 향학열이 한 인간의 성공의 열쇠로 작용했던 것은 만고의 진리였다고 생각된다.

그런데 오늘 내가 받는 장원(壯元)은 어떤 의미일까? 생활전선에 뛰어들어 살다보니까 적성을 차지 못해서? 인생의 단계에 충실하다 보니까 눈을 못 떠서? 애들 키우고, 공부시키고, 시집장가 보내고 나니까 할 일이 없어서? 아니다! 아니다. 쓰고 싶은 것이다. 읽고 싶은 것이다. 인생을 관조하고 사색하고 싶은 것이다. 의학의 발달은 Life span을 늘린 것이다. 100세 시대로 생명을 연장 시킨 것이다.

세상도 변했고, 나도 변해야한다. 나는 1998년 서울메트로에서 60세 정년퇴직 후 인터넷을 배우기 시작했고, 2001년 6월 28일 서울체신청[23]에서 주관한 2001년 노인정보정보검색대회에서 동

올림픽기장증

기 장 명 : 봉사장

성　　 명 : 옥정자

생년월일 : 1942. 4. 10

위 사람에게 제24회 서울올림픽대회 올림픽기장을 수여함.

1988. 12. 29.

체 육 부 장 관

▲ 아내 옥정자 여사의 서울올림픽대회 기장 증

23) 서울체신청장 서광은 : 제 195호

상을 받았고 고려사이버대학[24]에서 평생교육학을 전공했고, 가톨릭대학교대학원에서 생명윤리학(生命倫理學) 석사과정을 수료했다. 직업군인(職業軍人) 생활을 하면서 인간관계 수직의 부조리 속에서, 내 철학만을 강조하다 인생의 좌절도 경험했다. 뼛속까지 사무치는 아픔 속에서 조금 더 타협했더라면 하는 후회와 인간의 쓰레기 같은 욕심, 배신감을 경험하면서 인간의 한계점을 경험했고 그 결과는 지금까지도 망 팔십인 오늘날 까지도 군동기생(軍同期生)모임에서 인간의 부조리(不條理)를 논(論)하고 있으니 인간이 눈을 감는 순간에야 세월의 찌꺼기를 청소할 수 있을 것 같다.

24) 2010. 4. 29. 교육학(문학사)

안산천의 물고기들

경기도 안산을 동북에서 남서 방향으로 질러 시화호까지 흘러가는 안산천에는 물고기들이 산다. 시화호에 낚싯배가 들락날락하는 정도의 개체 수는 아니지만, 다양한 종들이 살고 있어 산책하는 사람들의 눈을 사로잡곤 한다. 수년간 안산천을 산책하며 물고기들을 만나다 보니 그들이 그려내는 이야기에 푹 빠져 버렸다. 그래서 지금은 안산천변을 돌며 물고기들을 촬영하는 게 가장 기다려지는 일상이 되었고, 사진들에서 그들이 살아가는 이야기를 읽어내는 게 매우 큰 즐거움이 되고 있다.

그러다보니 스마트폰 카메라로 만족하기도 하지만, '물고기 도감'도 여러 번 찾게 되었다. 물고기들에게 관심 없었을 때에는 물에 떠 있는 건 오리요, 물속에 헤엄치는 건 고기로만 알았다.

겨울에서 봄으로 바뀌면서 안산천에 잉어 개체들이 많이 늘었다고 생각했는데, 봄이 오면 냇물 속은 새 생명을 준비하는 잉어들의 바쁜 움직임으로 활기가 넘친다. 몸길이 30~80cm, 2쌍의 입수염이 있고, 진흙이나 모래를 빨아들여 먹이를 걸러 먹는다. 그리고 덩치가 큰놈은 알을 한번에 30만 개 정도 낳는다고 한다. 그

▲ 오스트레일리아 여행 시 세자매봉 앞에 선 아내

래서인지 아치형 나무다리 건널목 아래는 수심도 넉넉하고 물풀도 개천 양쪽으로 넉넉하여 200~300마리의 월척들이 유유히 몰려다니는 것이 물 반, 고기 반이라는 표현을 넘어서 몸끼리 부딪치기도 하면서 장관을 이룬다.

한참 짝짓기 시절에는 아침저녁을 가리지 않고 엉켜서 요동치는 것이 싸우는 것 같기도 하고 씨름하는 것 같기도 한 것이 지나는 산책들에게는 큰 눈요기꺼리가 된다. 옆에서 애기들이나 꼬마들이 깔깔대고 웃어도 멜로디삼아 더욱 힘차게 요동친다. 군데군데서, 여기도 저기도 물가 수양버들 강아지 밑에서도, 물소리 내며 흐르는 여울돌맹이 위에서도 상류로 몸부림치면서 야단이다. 자연의 신비이며 안산천의 명물이다.

옛날 조선조 정조대왕 시대 수암봉 밑 안산동에는 행궁이 있었다. 사도세자 능에 제사지내러 갈 때 혜경궁홍씨도 함께 묵었을 법한 행궁이 지금도 존재한다. 어떤 문학단체에서는 야외 수업을 하는 장소이기도 하다. 주위에는 안산시 보호수 1호인 600년 묵은 느티나무가 전설을 목에 감고 그늘을 제공하며 역사를 강의 하는데 당시 임금님 수라에도 잉어가 자리를 차지했을 것으로 추측된다. 당시에는 서해바다의 물굽이가 수암봉을 수맥으로 휘감을 때 안산천은 수로교통의 한 몫을 담당했을 것이다.

상류 쪽으로 올라가다보면 월피교, 제1, 제2, 제3월 피교가 안산을 동서로 연결하는 주요한 교량역할을 하고 있다. 또한 단원구와 상록구를 구분하는 경계선 역할도 한다. 그 다리 밑에도 월척의 잉어들이 노닌다. 개발되기 전 안산천 양쪽은 허허벌판이었다. 어느 다리 옆에 월피동이라는 지명유래 비석이 있는데 썰물이 들어와 제방을 넘을락 말락 할 때 보름달이 뜨고 질 때 강둑에서 보면, 산위에서 내려다보면 언덕에서 달이 뜨고 안덕 밑으로 달이지는 것 같아서 월피동(月陂洞)동이나 월피천으로 불렸다하니 얼마나 목가적(牧歌的)풍경인가.

안산천의 물고기들은 붕어도 많고 몸길이 20cm~40cm쯤인데 입수염이 없는 것이 잉어와 다를 뿐 거의 비슷하고 꼬리지느러미 모양은 잉어나 붕어나 '양엽형' 모양으로 같다. 이렇듯 잉어와 붕어는 여럿이 어울려 다니며 봄, 여름, 가을, 겨울을 함께 살고 있다.

10년 후의 나

인생칠십고래희(人生七十古來稀)라는 말은 옛말이 되고 있는 느낌이다. 내가 요즘 만나고 있는 사람들 대부분이 70대 중반을 넘어 80이 가깝다. 지난 5월 13일 육군 소위임관 56주년 모임 날에 78명이 모였는데 거동이 불편해 보이는 두 세 사람을 빼고는 건강을 유지하고 있다. 나도 10년 후면 89세의 상노인이 되어 있을 것이다. 그러나 「백년을 살아보니」의 김형석 교수의 활동사항을 보니 앞으로 20년은 활동할 시간이 소인에게도 주어지지 않을까 생각된다. 금년 문학출생 초년의 갓난 애기로 눈을 뜬것이 헛된 일은 아니구나 하고 생각도 해본다.

나는 강원도 인제군 남면 어론리(於論里) 582번지에서 출생했다. 해방이 되고 소양강을 경계로 38선이 남북을 갈라놓으면서 홍천군 신남면 어론리로 행정구역이 바뀌었다. 지금은 면사무소가 신남에 있지만 38선이 그어지기 이전에는 관대리에 있었다. 이북에는 소련군이 진주하고 이남에는 미군이 진주하면서 인제군 남면은 두 동강이 난 것이다. 관대리에는 인공기가 펄럭이고 어론리에는 새로운 면사무소가 생겨서 태극기가 휘날리게 되었다. 나의운명, 우리 가족의 운명은 이때부터 회오리바람 속으로 빠져들기 시작 하였다. 1939년에 경주김씨 계림군파 22대손 김홍식 아버지와 이광순 어머니 사이에서 생(生)을 받은 나의 운명도 역사의 물결을 타기 시작했다. 지구적인 크기의 토네이도가 한반도 전체를 휩쓸고 지나갔다. 그 와중에서 1950년 6월 25일, 나는 그날 일요일, 초여름의 햇볕이 쨍쨍한데, 뽕나무에 올라가 오디 열매를 따먹고 있었다.

그런데 피난민이 38선 쪽에서 올라오고 있는 것이다. 조금 있으니 딱쿵 총소리도 들리고 대포소리도 들리는 것 같았다. 6.25전에도 일진일퇴를 거듭하는 38선 충돌이 있었다. 아군 트럭이 군가를 외치며 북진하면 수복했다고 3일 만에 돌아온 적도 있고 일주일 만에 돌아온 적도 있다. 그날도 또 그러려니 하고 가볍게 개나리 피난 보따리를 이고 지고 거리고개[25]를 넘었던 것이다. 그러나 이번엔 그게 아니었다. 두촌을 거쳐 홍천을 지나 삼마치고개를 넘는데도 피난민 무리는 계속 늘어나고 이어지면서 남행을 계속하였다. 횡성군 공근면에 이르니 아니 벌써! 인민군이 먼저 도착해서 공화국 천지(天地)가 되어 있는 것이다. 어떻게 북한군이 전광석화(電光石火)같이 앞질러 우리를 포위하고, 이제 고향으로 돌아가란다. 우리는 더 이상 남쪽으로 피난을 못하고 집에 돌아가 적치(敵治)90일의 생활이 시작되었다. 신남 면사무소는 불타버렸다. 신작로에는 완장 찬 노동당원이 활보하고 다닌다. 지서가 있던 자리에

25) 서울에서 속초방향으로 가는 44번 도로상에 홍천군이 끝나고 인제군이 시작되는 산마루턱 인데 일명 거니고개라고도 불린다. 6.25때는 피아 격전지였음.

는 내무서원이 김일성 노래를 부르며 들락거렸다. 안모퉁이에 있던 우리 집에는 인민군이 차지하고 소대인지 중대인지 숙소로 쓰고 있었다. 우리 가족은 사랑채, 뒷방에서 생활 할 수밖에 없었다. 당시 홍천군 신남면장은 김00 씨라고 했는데 아들이 서울농대생이 하나 있고, 춘천농고생도 하나 있다. 하루는 불타버린 면사무소 건물자리를 청소하고 정리하는 자리에서 금고 비슷한 4각 철제박스가 발견되었다. 누군가가 뽀개려고 도끼질을 하였다. 내친구, 진기 아버지가 "이 사람아! 아군이 다시 돌아오면 다시 쓸 것이라"했다. 하니까, 손OO가 역기 들듯이 반짝 머리 위로 치켜들고 외쳤다. "삼천리강산에 배추 한 폭이 안 심어먹고 살았다, 간나새끼!"라 하면서 벼랑으로 내동댕이치려고 한다. 주위 사람이 뜯어 말려서 거기에서 끝났다. 그 후로 그 사람은 빨간 완장을 팔에 더 높게 잘 보이게 차고 흔들면서 온 동네를 설치고 다녔다. 며칠이 지나니 여성동맹 위원장이 탄생한다. 학교 문이 열리고 등교하라고 해서 학교에 나가보았다. 애국가 대신 김일성 노래를 가르치고, 「금강산 아래 뜰에 우뚝 서 있네, 장 하도다 우리의 어론학교」 교가대신 빨치산 노래를 가르친다.

하루아침에 세상이 바뀐 것이다. 특히 김OO 선생이 주도적 역할을 하였다. 그는 5학년 우리 반 담임이었다. 그 선생님은 나에게 귀에서 고름이 나오는 병을 고쳐주었다. 자기 집에서 운영하는 병원으로 날 데려가 그 당시 만병통치약이었던 다이아찡 가루를 콱 처넣었더니 다시는 냄새나는 농이 안 나왔다. 그해 여름은 왜 그렇게 덥고 길었는지 모르겠다. 9월 중순 어느 날이었다. 서쪽하늘이 붉게 타면서 칠흑같이 어두운 밤을 서광이 번뜩이고 아주멀리서 하늘에서 들리는 천둥 같은 소리가 들려왔다. 농대생, 농고생이 낀 동네 청년들로 조직된 결사대(決死隊)가 준동하고 있었다. 그 결사대원 중 한 사람이 자기 마누라에게 D-day를 귀띔해주고 그날은 장모님보고 내무서에 가지 말라고 한 것이 마지막 말이 되었다. 여성위원장인 장모가 그대로 내무서에 고발하였고 그날 밤 결사대원 전원이 철사 줄에 꽁꽁 묶인 채 체포되어 인민군 쓰리쿼터에 태워서 사라진 뒤 오늘날까지 소식이 없다. 공산당에 의해 동네 청년, 학생들이 떼죽음을 당한 것이다.

사랑이 무엇인지도 제대로 모르는 두메산골 청춘 남녀가, 가족 구성원인 딸과 어머니가, 남편과 아내가, 사위와 장모사이가 하루아침에 밀고하고, 죽이고 살리는 짐승이 돼버린 것이다. 어론리 1,2구를 합쳐도, 아랫말 윗말, 양골 절골 갑둔리를 합쳐도 100여 호도 안 되는 농촌 마을에서 일어난 일이다. 면사무소가 있었기에, 지서가 있었기에, 군파견대 부대가 있었기에 인생 역정이 얽히고 설킨 것이다. 역설적이게도 적 치하 90일이 끝나고 아군이 들어왔을 때, 김 선생과 손 누구누구는 월북하지 않고 있다가 대한민국 경찰에 체포되어 거리고개 신작로에서 총살당했다. 1953년 7월 29일 휴전이 되었을 때 휴전선이 포물선 그라프를 그리면서 전선이 38선보다 훨씬 북쪽으로 그어지면서 인제군 거의 대부분이 수복되었다. 내 본적도 홍천군 신남면 어론리에서 인제군 남면 어론리 582번지로 또 바뀌었다.

1973년 소양강에는 다목적댐이 건설되었다. 29억 톤의 물이 저장되어 호수변 환경이 개념을 달리하고 부평리에는 도하작전을 위한 부교중대가 존재한다. 소양호가 생기면서 수로도 바뀌고 도로망도 위치와 형태가 꼬불꼬불 리아스식 형태로 변했다. 우리집터와 논, 밭, 산은 공병대대, 병기대대, 과학훈련 부대들이 사용 하고 있다. 나의 고향 나의 집은 꿈속에서나 나타난다. 38선은, 휴전선은 우리가정을 파멸로 이끌었고 나는 고향을 잃고 떠돌이 신세가 된 것이다.

10년이 지나면 고향에 가서 물레방아 돌고 도는 전형적인 전원주택, 태버린 마을에서 옛날같이 살 수 있을까? 꿈같은 얘기일 것이다. 오히려 "미국 발(發) 전술 핵 재배치론 이대로 있을 순 없다."는데. 그러나 100세 시대가 도래했다는 것이다. 내 다른 세계에서 지금까지 살아온 내 인생 스토리와는 전혀 다른 오늘이 보이기도 한다. 10년 후의 내가? 새로운 인생 만보기가 스마트하게 작동할 것이다.

자전거에 관한 단상

요즈음 호스공원 둘레길이나 동네 마을마다 연결된 둘레길의 자전거 전용 코스에서 머리에서부터 발끝까지 안전장구를 겸한 멋진 유니폼으로 역동성 있게 달리는 자전거 행렬을 보면 그들은 행복해 보이고 또 신선해 보이기도하다.

나는 중고 자전거를 한 대 준비해서 아이스께끼 장사를 할 참이었다. 그런데 무에서 유를 창조해야하는 처지임으로 제사공장[26]에 가서 막노동 일자리를 하나 구했다. 당시 원주 제사공장은 전쟁 이후 대한민국의 실크 왕으로 불리던 김지태와 그의 가족들이 사주였다. 원주에서는 유일한 굴뚝공장이었고 춘잠, 추잠 일 년에 두 번 누에치기한 작물을 영월, 정선, 평창, 횡성, 영월 등지에서 수집해서 처리하는 산업시설이었는데, 그때 20kg의 누에고치 광주리를 밤새껏 2층으로 날라서 함에 집어넣으면 기계가 돌아가서 정제되는 공정이었다. 한 달쯤 작업하고 받은 금액의 돈으로 중고

26) 원주에 있었던 제사공장은 지금의 명륜동 남부시장 부근에 있었는데 내가 피난학교인 명륜분교를 다닐 때 그 부근을 지나칠 때는 길옆 전봇대 위에 매달린 스피커에서 자주 흘러나온 노래가 "눈보라가 휘날리는 바람찬 흥남 부두에……."였다.

자전거를 살 수 있었다.

자전거와의 최초 인연은 아버지께서 일제말기 우체국배달부를 하신 적이 있는데 본가에 다녀가시면서 어린 나를 뒤에 태우고 가시다가 자갈길에 쓰러지신 일이 있었다. 그때 하나도 무섭지 않고 재미났다는 기억밖에 없다. 아버지를 하느님 같이 믿었기 때문일 것이다. 이번에는 내가 자전거를 돈 주고 사서 운전하고 그것을 이용해서 불운(不運)한 시절을 돌파하려는 도구로 마련한 것이다. 그러나 넘어지기를 몇 번하고서 겨우 달리기를 할 수 있었다. 그러나 자전거 경기에 나가는 것이 아니고 아이스께끼 장사를 하려고 했기에 한 통(100개 정도)을 싣고 타 보니 흔들리고 불안하기 짝이 없었다.

우리 집은 가난하기 짝이 없는 산꼭대기 반 지하 움집에 살고 있었다. 전쟁 통에 고향을 버리고 피란을 가다가 북한 괴뢰군이 먼저 우리 가족 앞으로 남하하는 바람에 횡성에서 포위되어 고향에 돌아가서 적치(敵治) 90일을 경험하고 다시 I.4후퇴에 떠밀려 청주 부근까지 갔다가 강원도 피난민 돌아가라 해서 대한통운 벌건 트럭에 짐짝처럼 실려서 원주에 내려놓는 바람에 명륜동과 개운동 사이에 있는 언덕배기에 수천 가구가 뚝딱뚝딱 임시 거처를 마련하고 사는 것이 주위 환경이었다.

그러나 부딪쳐야 한다는 생각으로 문막 장터에 가서 아이스께끼를 팔기도 하고, 시장골목을 누비면서 팔기도 하였다. 한 번은 신림장터에서 팔고 돌아오는 길에 비포장도로인 커브 길에서 균형을 잃고 옆으로 쓰러지면서, 마치 내가 아버지 자전거를 타고 가다

쓰러지고 떨어진 모양으로 내동댕이쳐지는 바람에 박스 옆, 뒤로 매달았던 병들이 박살이 나고 말았다. 당시는 돈 대신 빈 병을 받고서도 아이스께끼를 팔았다. 그날의 수입은 200환인가 마이너스였다.

나와 자전거의 인연은 끈질기게도 63년도에도 이어졌다. 당시 나는 강릉 방송국 부근에 살 때인데 세월의 수레바퀴를 타고, 나이를 먹고, 결혼을 하고 첫 아들이 3살 때인가? 집 안에 세워둔 자전거 바퀴체인에 손가락이 끼어서 자지러지게 우는데 당황해서 어찌할 바를 몰랐다. 비논리적인 감정이 자전거와 애기와 마누라를 휘어 감고, 씨름하던 중 옆집아저씨가 비명을 듣고 달려와 간단한 요령으로 문제를 해결한 추억을 갖고 있다.

아버지의 우편배달용 자전거가, 아이스께끼 통을 매달고 다니던 자전거가, 아들놈의 손가락을 깨물어 버린 자전거가, 간단한 기계 구조인데도 인간사와 연결되면 스토리를 능동적으로든 수동적으로든 엮어가는구나. 심플한 톱니바퀴의 구조역학!

요즈음 안산일대에는 자전거 렌탈 붐이 한창이다. 성포동 버스 터미널 부근에도, 중앙역 전철역 부근에도 파란색 불이 켜진 기둥과 초록색 불이 켜진 기둥이 반반일 때도 있고 비율이 아침 출근 시간과 저녁 퇴근시간의 변화가 다채롭다. 자전거가 걸려있는 기둥은 파란불, 누가 타고나간 기둥은 초록색이다. 자전거 문화는 개발하고 장려해야 한다. 자동차가 내뿜는 일산화탄소에 공기가 오염되고, 극심한 에어폴루션 속에서 자전거가 대중교통의 총아로 발돋움하게 되면 얼마나 주위환경이 쾌적해 질것인가.

어떤 마니아는 전국일주나 세계일주를 자전거로 한다니 자전거 도약인가 문화의 도약인가? 그것은 안산의 미래일 것이다. 바이커는 청년의 미래일 것이다. 자전거는 대한민국의 미래일 수도 있다. 아니 자전거는 지구의 미래일 수도 있을 것이다.

유산

나는 조용히 인생을 뒤돌아본다. 희미하게 보이는 인생의 끝자락에서 나의 동반자와 함께 흘러간 세월을 반추(反芻)해 본다. 우리는 후손에게 무엇을 유산(遺産)으로 남길 것인가에 대하여 사색하고 명상하면서, 대화로 의견을 나누었고 결론을 맺은 것이 있다. 사회적으로 자랑할 만한 감투도 없으니 후손에게 남길만한 명예도 없고, 수십억 수백억의 재산도 없으니 유산으로 남길 재물도 없다. 그러니 정신적으로 즉 당신은 신앙을 유산으로, 나는 배움을 유산으로 남기고 가자고 해서 후손들이 교훈적으로 받아들인다면 평범한 사람으로 살다 가든, 걸출한 인물로 살다 가든 좋을 것이다. 그러면 나는 경주김씨 계림군파, 시조(始祖) 64세, 경순왕(敬順王) 37세, 파조(派祖) 계림군(鷄林君) 23세손으로 살고 갔다는 흔적이 남을 것이고, 후손들 중에서는 숙종(肅宗)시절 인원왕후 같은 왕비 대신 First lady도 나올 것이고, 정조(正祖)시절 정신왕후 대신 대처 같은 여걸이 나와서, 미래 한국사(韓國史)에 이바지하고 조선(朝鮮) 말엽(末葉) 역사에 오명(汚名)을 남긴 김홍집(金弘集) 같은 총리대신(總理大臣)이 아닌, 우리나라의 반만년(半萬年)가난을 구제한 혁명가(革命家)적 인물을 본받아 통일한국을 짊어질 역사적 인 인물이 나오더라도 전혀 어색하지 않을 정신적 유산을 준비하고 있다.

그래서 요새도 새벽 5시면 일어나 4색 촛불을 순서대로 밝혀놓고 청원기도와 감사기도를 번갈아 바치고 있다. 그 결과인지 막내 아들의 막내손이 복사를 하고 있다. 평일 미사에도 주일 미사에도 제 당번 날 에는 빠짐없이 샤워하고 성당 나가는 모습이 대견스럽다. 금년에 중학생이 되었는데 과연 성직자의 길을 갈수 있는지 지켜보고 있으며 장차 한국에서 로마교황이 나오지 말란 법도 없는 것 아닌가?

하느님께서는 우리 집 장남(長男장남)을 애비보다 먼저 하늘나라로 데려가셨다. 가톨릭에서 운영하는 00고등학교에서 국어를 가르치던 김다니엘을 애비 김요셉보다 먼저 불러 올리셨으니 교단에서 심장마비(心臟痲痺)로 쓰러진 아들놈이 애비에게 숙제(宿題)를 남기고 떠났다. 아직까지 배움의 길에 서 있는 아들, 딸을 남기고 또한 생활력이 부족한 생의동반자 등 애비에게 숙제와 또한 교훈을 동시에 남기고 떠난 것이다.

나는 말년(末年)에 안산에 정착한 것이 무척 자랑스럽다. 거실에서 남쪽을 향해 12시 방향으로 멀리 내다보면, 한양대학교 엘리카 캠퍼스지역이 아련히 보이고 10시 방향으론 상록구청 청사 건물이, 3시 방향 쪽으론 안산에서 제일 높다는 중앙하이츠 오피스텔 빌딩이 가로막고 있으나 야간에는 찬란한 야간조명이 형형색색의 이름으로 수를 놓고, 멀리 호수공원 쪽으로 안산천을 따라 두 줄로 그어진 가로등은 방향감각을 주지시키는 역할을 톡톡히 하고 있다. 앞이 훤히 트이고 건물 옥상과 높고 낮은 아파트 단지옥상별로 이어지는 스카이라인은 저 멀리 보이는 마음속 바다의 수평선을 차단하면서 한 폭의 자연환경화를 그려놓고 있다. 만약에 단원 김홍도가 우주공간에서 내려다보고 그림을 그린다면 서해바다 해안선에 인접한 안산, 평택, 인천을 점 3개로 표시할 것 같다는 미적감각(美的感覺)을 상상해본다.

나는 인천 맥아더 동상 앞에서 6.25의 인천상륙작전을 다시 한번 회상해보고 차이나타운에서 중국식 자장면으로 소화하면서 약 100년 전 조선반도(朝鮮半島)의 주변정세의 연장선이 지금도 변함없이 이어지고 있다는 세계사의 흐름도 감지해본다. 중국은? 러시아는? 일본은? 미국은?

이민박물관(移民博物館)과 인천박물관에서는 평소에 듣고 흘려버렸던 역사의 편린(片鱗)들을 맞추어보기도 했으며 특히 스탈린에 의해서 시베리아에 거주하던 조선족을 중앙아시아로 강제 이주시킨 민족의 슬픔과 개인가족의 아픔들은 이제 2세, 3세를 걸치면서 새로운 민족의 저력으로 세계사적으로 유명한 이스라엘 민족의 이민사를 압도하고 있다는 강사님의 설명은 새로운 호기심을 유발하였다. 강사님께 고마움을 표시한다. 그리고 이런 기발한 프로그램으로 과목을 진행한 평생교육원 운영자들에게도 감사드리고 아니 사람을 우선으로 하는 안산특별시에 감사한다.

그리고 교육원 쪽으로 가는 안산천 둘레길 정비는 서울의 청계천보다 붕어, 잉어가 풍부하여 군데군데의 고기 반, 물 반인 하천환경도

▲대학교 졸업식날 아내와 함께

안산의 훌륭한 유산으로 자리매김하도록 유산항목 하나 더 추가요……!

아찔한 해안절벽(海岸絶壁)의 매력

- 금오도 비렁길!

금오도의 해안 기암절벽을 따라 개설된 트레킹 코스 '비렁길', 절벽의 순우리말 '벼랑'에서 연유한 여수 사투리로서 남녀노소 무리 없이 누구나 즐길 수 있다. 다도해해상국립공원의 절경을 한눈에 바라보며 동백나무, 소나무, 특히 천연기념물 502인 강화소사나무[27]와 식물적 학술명이 같은 소사나무의 군락지를 감상하면서 삼림욕을 즐기는 등반도 좋았지만 2014년 4월 10일 아침에 남면 선착장에서 바라본 해돋이의 모습은 스마트폰에 저장되었으니 영원한 추억이 되리라.

우리 트레킹 팀 8명은 용산역에서 만나 4월 9일 KTX 제703열차편으로 08:20에 출발 여수로 향하였다. 11:55정시에 여수 EXPO역에 도착하니 또 한 사람이 대기 하고 있다 합류하여 그 친구가 몰고 온 차에 5명이 탑승하고 4명이 택시를 합승해서 연안 부두에 도착하였다. 금오도에 가면 생선이 비싸고 귀하다고 하여 종합시

---

27) 높이 4.8m 밑동 둘레 2.74m(수령이 150년 정도로 여러 갈래의 줄기에 나무갓 모양이 단정하고 첨성단 위에 홀로 서 있는 모습이 돋보여 문화재로 지정됐다) 소사나무가 문화재로 지정되기는 처음이다. 2009. 9. 8 16:56[쿠키 사회] 국민일보 이광형 선임기자

장에서 횟감을 준비하고 그것은 오이도에 가서 먹기로 하고 백반으로 점심식사를 하니 꿀맛이었다.

페리호를 타고 한 시간 삼십분 동안 항해하면서 오랜만에 바닷바람을 쐬는 것도 기분을 새롭게 하였다. 어떤 친구는 갑판 위에서, 누구는 선실에서, 어떤 이는 선미에서, 선수에서 배에 실려 있는 자동차들을 내려다보면서 항해를 만끽하였다. 주간에 기항하여 다른 승객을 내리고 태우며 좌우로 육지 같기도 하고 섬 같기도 한 경치는 전혀 새로웠다. 특히 이순신대교[28]를 가까이에서 보면

28) 이순신대교 주탑 높이는 남산보다 높고, 바다 위에 죽 뻗은 상판 길이(1,545m)로 장관을 이루고 있다.대림산업이 2012년 5월 여수액스포 개막에 맞춰 개통한 이 다리로 여수,광양산입단지 간 이동 거리가 60km에서 10km로 줄고, 시간도 80분에서 10분으로 단축됐다. 차피득, 미꾸라지 진짜 용된 나라, 바른마음갖기회, p21-22.

서 통과할 때는 우리나라의 현수교 건설기술 수준이 세계적이라는 느낌이 들기도 했다. 나는 김종철 친구와 같이 갑판 위 몇 개 안 되는 의자에 앉아 부초 같은 인생을 노래하며, 또 바다의 노래도 합창하면서 금오도에 도착하니 17:00경이었다.

전남 여수시 남면 우실해안길 23-2, 우실바다 펜션에 짐을 풀었다. 금오도 특산물인 방풍나물을 푸짐하게 올려놓고 각자가 한 가지씩 마련해온 반찬을 내놓으니 9가지 이상의 저녁반찬은 가정 뷔페를 연상하면서 신나게 저녁식사를 하였다. 더욱이 여수에서 합류한 친구의 밥 짓는 솜씨가 탁월하여 쌀이 좋은지, 솥이 좋은지, 손맛이 좋은지를 칭찬하면서 몇 사람이 내놓은 양주 몇 병과 토산 막걸리가 더욱 식탁을 풍성하게 하였다. 설거지는 당번을 정하지 않았어도 서로 하려고 해서 깔끔하게 마무리할 수 있었던 것은 우리 멤버들이 일 년에 한 번씩은 이런 경험이 쌓였기 때문이리라. 우리는 같은 해에 육군 소위로 임관한 동기생(同期生)들이며 생사고락을 함께한 전우들이며, 그중에는 이미 인생의 반려자를 저 하늘나라로 먼저 보낸 친구가 두 명이 있고 우리는 그때마다 성당에서 영결미사에 참여했고, 추모공원에도 납골당에도 동행했으니 웬만한 친척보다도 그 이상으로 끈끈한 정이 있는 것이다. 상을 물리고 둘러 앉아 한 잔 두 잔 돌리다 보니 75내지 77세의 나이를 잊고 이십대 청년 장교시절로 세월을 돌려놓고 말았다.

현역시절 대여섯 번씩은 죽을 뻔한 기억들이 있었고, 기뻤던 일, 괴로웠던 일들을 이야기하며 즐거웠던 추억들을 얘기하면서 시간을 보내다보니, 누구나 정리해서 자서전이라도 쓰면 그것을 9권

정도 만들어서 돌려가면서 읽으면 한 시대의 단면을 들여다보고 이야기 주머니가 될 것 같았다.

다음날 우리는 비렁길 4코스로 출발하였다.

펜션에서 나와 어젯밤에 배탈 난 친구가 있어 보건소에 들려 주사 맞고 처방받은 약을 복용하고 여남중고등학교 옆 포장도로로 진입해서 조금 올라가니 1, 2코스 3,4코스로 갈리는 안내 푯말에 따라 3,4코스 쪽으로 들어섰다. 우리는 4코스로 가는 지름길로 들어서 3코스를 거치지 않고 학동마을에서부터 4코스를 시작하였다. 3.2km(1시간30분소요) 한참을 가다보니 정말 절경이 나타났다. 오른 쪽은 망망대해가 펼쳐져있고 낭떠러지며, 심리적 안정을 위하여 안전 흰 로프를 붙잡으며 비탈 오솔길을 올라갔다. 그런데 사다리 통 전망대 부근에 가니까, 1,2,3코스를 거쳐서 오는 등산객이 줄을 이어 뒤 쫓아온다. 민폐가 될 것 같아 길을 비켜주고 우리는 올드맨 페이스대로 천천히 전진하였다. 드디어 우리 멤버 중에 한 사람이 별 것도 아닌 아주 짧고 고부라진 진로에서 넘어졌다. 그런데 못 일어나는 것이다. 왼쪽 팔은 내가 부축하고 오른쪽 팔은 다른 친구가 부축해서 일으켜 세웠는데 얼마나 무거운지! 이제는 코스를 골라서 다녀야 되겠다. 온금동 전망대에 가서는 사진도 담고, 망망대해를 향해 해상국립공원 금오도 외치며 부근에서 잠시 휴식을 취했다. 주전부리를 하면서, 목을 축이며……! 그런데 부근 오솔길로 오전 내내 트레킹을 계속하던 중 이름 모를 수목군락을 발견하고 일행에게 물어보니 아는 이가 없었다. 나는 가느다란 가지하나를 20cm정도 잘라서 작은 멜방 가방 연필꽂이에 끼고 지참해서 내려왔다.

4코스가 끝나는 심포리에 도착해서 긴 휴식을 취하였다. 리더의 결심으로 5코스 트레킹을 포기하고 펜션으로 향하였다. 면사무소에 들려 한 친구와 더불어 대화를 나눠보니 내가 가져온 수종이 처음에는 벚나무라 하더니 아니라는 나의 긴 설명에 주위서 사라졌다. 우리는 부면장이라는 사람과 여러 가지 대화를 했는데 전교생이 45명인 금오도 여남고등학교에서 제95대 골든벨 탄생에 이어, 개교 이래 첫 서울대학교 합격생[29]을 배출했단다.

나는 금오도 트레킹에서 많은 것을 보고 듣고 느끼고 배우고 돌아간다. 대화를 끝마치고 악수를 하고 헤어지려는데 아까 사라졌던 면 직원이 나타났다. 그 나무 이름이 '소사나무'[30]란다.

---

29) 진성일 군, 이곳에서 태어나 초중고를 모두 섬에서 다닌 진 군은 육지 사는 친구들처럼 그 흔한 학원 한번 다닐 수 없었다. 하지만 진 군은 KBS TV프로그램인 '도전 골든벨'을 계기로 서울대에 합격했다. '뉴스웨이, 2013. 12. 09 10:05, 여수 신영삼 기자'에서 재확인

30) 천연기념물 502호와 같은 수종, by kukminilbo, kukinews, 위 날짜 재확인.

꽃향기 진동하는 언덕에 올라

서울특별시 용산구 한강로3가 63번지에 우뚝 솟은 희망봉의 야트막하게 펼쳐진 언덕에는 아카시아 나무 몇 그루가 서 있었다. 그 북쪽 언저리에는 이등박문 별 장터가 존재한다고 어느 선배가 농을 했고 그 언덕 등줄기는 남산 자락에 연결되어 있었다. 꽃향기 진동하는 계절에는 그 밑뿌리 깊은 너럭바위 언저리에 앉고 누워 각자의 얘기에 몰입돼 있었다.

"들어올 땐 별이거든 나갈 때 해가 되거라."

나는 교가를 등에 업고 한강 백사장에서 행하는 신익회 선생 대통령 후보 연설회장을 다녀온다. "못 살겠다 갈아보자."는 사자후(獅子吼)가 백만 청중의 귀를 때리고 버려진 담배꽁초가 칠십 가마니나 수거됐다. 나는 상기 번지에 존재하는 서울 국립교통고등학교 학생(學生)이었다.

그 시절(時節) 최인규 씨가 교통부장관이었고 우리 학교 교장님도 교통부 공무원이었으며 같은 울타리 안에 교통고등학교, 교통부, USOM이 있었고 서빙고 쪽에는 8군사령부 게이트 5정문이 있었다. 3학년 때는 기숙사가 헐리는 바람에 나와 두 친구가 자취생활을 하였다. 한강북파출소에서 서빙고 쪽으로 연결되는 제방을 따라가다 보면 오른쪽 한강 백사장 언저리에는 이촌동 판자촌이 게딱지처럼 연결되어 있었다. 우리 세 친구의 자취방이 바로 철길 건널목 아래 계단 아래 오른쪽에 있었다.

달밤이면 물지게 지고 물통 두 개 매달고 건널목 부근에 있는 공동수도에서 물을 길어왔다. 물이 졸졸졸 나와서 두통을 받는 동안 셋이서 노래를 흥얼거리던 추억이 새롭다. 사라호 태풍 때는 "사람 살려"하며 복창으로 외치는 소리에 깨어나 밖에 나가 계단으로 내려다보니 강물이 넘쳐 집들이 잠겨 수중가옥이 되고 마을 가운데 교회 제일 높은 십자가를 붙들고 외치는, 도움을 외치는 함성이었다. 한강 중심 쪽에는 상류에서 떠내려 오는 집들과 가축들이 엉켜서 아비규환(阿鼻叫喚)의 참상이 벌어지고 있었다.

역사는 모든 것을 묻어버렸고 지난 번 춘천을 가기 위해 4호선 전철을 타고 가다 갈아타기 위해 이촌역에서 내려 승강장에 올라보니 1959년의 흔적은 전혀 찾아볼 수 가 없었다. 백사장엔 동부이촌동 고급아파트로 채워졌고 역사건물 밑바닥이 물통추억을 떠올리는 장소쯤 될 것 같다. 그리고 학교가 있던 자리, 교통부, 유솜자리가 함께 했던 자리엔 초고층 아파트들이 차지하고 있었다. 아카시아 추억의 장소는 흔적도 없이 사라졌다.

그런데 남산과 함께 지금도 변하지 않은 것 하나가 있었다. 8군 게이트를 포함한 에아리어 전체! 세월도 막아내고 그 자리에 존재하는 것은 나무도 풀도 도로망도 그대로, 동작대교도 세월과 함께 타고 왔지만 끝나는 부분에선 방향을 꺾어 용산으로 틀었다.

▲ 2000. 3. 25. 장모님 서복수 여사의 산수연에서

직진했으면 8군 주둔지를 동서로 가를 수 있고 2차 세계대전 시 일본군 조선군 주둔 사령부도 깔아뭉갤 수 있었을 텐데 세월과 함께 영원히 이어가는 것은 국제 정세 속에서의 한반도 정세인 것 같다.

초록 플레어스커트

4월의 마지막 문턱에 플레어스커트로 성장하고 아파트 숲속에 고고하게 서 있는 느티나무! 아파트 단지 내 401동과 402동 사이에 수령 220년이 넘는, 안산시에서 보호수(保護樹)로 지정된 이 느티나무는 수고(樹高)가 18m가 훨씬 넘고 둘레가 어른이 서너 명 양팔 벌려 겨우 닿을락말락하는 전설이 고여 있음직한 나무임에 틀림없다.

느티나무 주위에는 자연석 축대형식으로 싸놓은 보호용 토대가 있고, 그 안 15평 정도의 토대 위에는 노인들 휴식용 의자가 네모진 코너에 디귿자 형태로 놓여 있고 느티나무에 대한 설명 판이 사람 눈높이로 세워져 있어 보호수 고유번호 경기 - 안산 - 16호이며 소재지는 안산시 상록구 성포동 588호로 명시돼 있다. 관리자는 성포동장으로 되어있으나 다녀간 흔적이 없다.

그런데 이 느티나무가 안산시가 개발되기 전 이 마을의 수호신이었던 것은 확실하다. 지금 406, 407, 408동 옆으로 흐르는 안산천의 흐름이 성포동의 역사(歷史)를 설명해준다. 안산에 신도시가 생기기 전, 시화 방조제가 생기기 전 바닷물이 성포동을 통해,

▲ 어느 봄날 손자와 함께한 부부

월피동 광덕산 밑을 휘돌았던 흔적은 곳곳에 남아 있다. 월피동의 이름 유래가 길옆 돌비석으로 세워진 것도 하나의 유래이다. 그러니까 이 200살이 넘는 이 느티나무는 어부들이 배를 붙들어 매는 버팀목이었으며, 자연신에 고사지내는 서낭당 역할을 했으며, 바다로 고기를 잡으러 가는 남정네의 환송 터이고, 만선으로 귀가하는 배의 마중 터의 심벌이었을 것이다.

성포나루의 유래를 적어 돌비석에 각인해서 세워둔 기록물이 이를 웅변해주고 있다. 롯데마트와 건너편 공원도, 십자로 부근에 설치된 표지석이 성포나루터의 유래를 잘 설명하고 있다. 그리고 노적봉 정상에 올라 해가 서해 바다 속으로 잠자러 들어가는 황혼역의 스카이라인을 바라보노라면 천고의 세월 저편의 파도소리,

바람소리가 들리는 듯하다. 그리고 밑으로는 안산의 칠 경의 하나인 노적봉 폭포수 공원이 보이고 단원미술관도 보이는데 옛날을 꿈꾸는 초록색으로 성장한 느티나무가 훨씬 돋보인다. 200여 년 전 정조 대왕이 사도세자 능을 참배하러갈 때에도 이 지역을 통과했을 것이고 100여 년 전 수인선으로 수원에서 인천으로 협궤열차가 달릴 때도 서해바닷가 둑을 따라 달렸을 것이다.

나는 만보걷기 운동을 하느라 나의 제1코스인 노적봉에 오르러 갈 때도 그 느티나무는 밑을 통과하고 돌아올 때도 그 옆을 통과하기도 한다. 나무 밑에서 12시 방향을 바라보면 408동의 아파트 측면이 보인다. 사람크기로 쓰인 글자가 14층 언저리에 선명하게 푸른색글자로 나의 귀가 목표를 지시한다. 그런데 사계절이 바뀔 때마다 갈아입는 옷매무새나 밖으로 드러나는 뼈마디가 내 인생 사이클을 그럴듯하게 설명해준다. 4월 첫 주까지만 해도 앙상하게 뼈대만 들어내고 죽은 거 같았던 몸통과 가지가 생명력이 없어 보였다. 마치 나의 노년과 같아서 쓸쓸하게 그 밑을 통과해서 주차된 차량 사이로 걸어올 때는 '주차공간이 부족하구나.'라는 생각이 들었고, 10년 후도 못 내다보는 아파트 건축문화가 측은해보이기도 했는데 오늘은 전혀 다른 느낌이다. 나뭇잎이 우거져 풍성한 초록치마를 플레어스커트로 치장한 느낌이고 가을의 떨어진 단풍잎의 시적 정서를 까맣게 잊고 있다. 그리고 겨울철의 앙상한 뼈대의 서글픔도 멀리 날려 보내고 성하의 발육을 준비하고 있다.

뜨거운 삼복더위에는 성포동 경로당의 할머니 할아버지들이 느티나무 그늘 아래서 흘러간 옛날을 애기할 수 있는 공간을 제공할 것이다. 바닷물 소리를 흘리며……! 아래 둘레가 40m 가까이 되는 초록색 플레어스커트를 입고 있는 느티나무, 거꾸로 보면 초록색 우산을 받쳐 든 것 같다. 그런데 나도 새로운 꿈을 꿀 수 있을까? 자연과 더불어…….

5부
귀가 아프다

귀가 아프다

나는 유년시절 나는 귓병을 앓았다. 귀에서 고름이 나오고 냄새 때문에 고민이 많았던 것으로 기억 한다. 집에서는 아버지가 솜으로 면봉을 만들어 귓속을 청소해주지만 여름철에는 한계가 있었다. 당시 우리 반 담임은 김종세 선생님이었는데 어느 날 나를 데리고 자기 집으로 데리고 가서 내 귀에다 다이야찡(?)가루를 잔뜩 넣어주었다.

선생님 집은 당시 그의 아버지가 병원인지 의원인지를 했던 것으로 기억된다. 1948년경이었으니 병원도 별로 없던 시절이었는데 다이아찡이 만병통치약으로 온 세상을 떠들썩하게 떠돌아다니던 시절이었다. 얼마나 많은 양을 넣었는지 귀가 먹먹할 지경이었는데 그 덕분에 다시는 고름이 나오지 않았다. 선생님이 한없이 고맙고 잊지 못할 은인인 것이다. 그런데 그 선생님이 인공치하에서 빨갱이 짓을 하다가 그대로 인민군을 따라 월북하는 바람에 영영 소식을 모른다. 머리가 좋기 때문에 이북에 가서 출세했으면 꽤 높은 자리까지 올라갔을 것임으로 이북소식이 있을 때마다 김종세라는 이름을 확인해보는 습관이 있다. 아마도 찾지 못하는 것으로 보아 이 세상 사람은 아닌 것 같다는 생각이 든다.

세월이 한없이 흐른 후 07학번으로 뒤 늦게 가톨릭대학교 일반 대학원에 정식으로 입학한 생명윤리협동과정에서 생명윤리학을 전공할 때였다. 의학적 인간학을 진 교수가 강의하고 있을 때였다. 전혀 들리지 않았다. 다른 사람들은 모두 진지한 얼굴 표정으로 청강을 하는 표정인데 왜 이러지 하며 정신을 가다듬었다. 그동안 피곤했나, 몸살이 찾아왔나 생각해 보았더니 그보다 더한 일이 생긴 것 같았다.

집 앞 스타플라자 안에 있는 이비인후과에 가니 오른쪽 귀에 천공(穿孔)이 생긴 때문이라고 한다. 나는 어린 시절 다이아찡 가루로 치료한 후 완전히 나은 것으로 알고 있었으나 육군 항공학교에 비행기 조종훈련 33기로 입교해서 L-19 조종훈련을 받던 중 항공군의관에 의해 고막이 천공되었다는 처분을 받은 적이 있다. 의사는 큰 병원으로 가보란다.

고대병원 이비인후과에 가니 귓속에 특수플래시를 집어넣고 육안검사를 하고 또 검사실에서 여러 가지 기계로 검사를 했다. 대학 교수인 의사는 특이한 일이라고 한다. 일류 병원에서 권위 있는 의사가 내린 결론은 오른쪽 귀의 천공임에도 왼쪽귀와 청력 상에 별 차이가 없다는 것이다. 육안검사와 세밀 측정기술로 도출해낸 결론이 고막이 뚫어진 귀와 그렇지 않은 귀의 측량수치가 같다는 것은 고막이 자연적으로 재생되었다는 것이다.

학과 워크숍이 있던 날 나의 청력에 대한 의문은 풀렸다. 토론이 끝날 무렵 나는 진 교수님 강의가 안 들린다고 말했다. 그랬더니 거의 모두가 거의 동시에 맞장구를 쳤다. 나는 나만 안 들리는 줄 알고 있었는데, 한 교실에서 강의 듣는 수녀님들도 신부님들도 이구동성이었다. 교수님이 아는 것은 많은데 교수법에는 약한 것이었다. 마이크 사용요령도 그렇고 기타 보조재료(칠판) 사용도 미흡하다 보니 학생들과의 의사소통도, 대학원장과의 의사소통도 미흡한 채 자기 고집대로 강의 아닌 강의를 진행하고 있었다. 지금은 그런 강의는 없을 것이다.

어느 순간이었을까? L-19 경비행기를 타고 30,000피트 이상 고공을 비행할 때, 오른쪽 고막이 나가고 그 후로 자연적으로 고막이 재생되었다.

사실 귀는 겉으로 잘 생긴 것보다 제 기능을 잘해야 한다. 남의 말도 잘 듣고 좋은 말도 가려들을 수 있어야 한다. 쓰지만 약이 되는 말에 더 귀를 기울여야 한다. 다시 생각을 가다듬어 본다. 쓴 말은 적당히 흘려버리고 달콤한 말에만 후딱 넘어가지 않았는지. 무조건 내 말만 옳다고 믿으라고 남에게 강요하거나 떠들거나, 폼 잡거나, 시끄럽게 하지 않았는지……. 그렇게 남에게 모질게 한 말들이 되돌아와 내 귀에 비수처럼 꽂힌 것은 아닌지…….

지금은 양쪽 귀에 보청기를 착용하고 있다. 마치 눈이 잘 보이지 않는 사람이 시력을 보충하기 위해 안경을 쓰고 있는 것과 같이 나는 잘 안 들리는 청력을 보충하기 위해 보청기를 끼고 있다. 엊저녁에는 KBS에서 방송하는 사극드라마 정도전(鄭道傳))을 보는데 지난날 전체를 못 보았더니 몹시 궁금하였다.

▲ 오스트레일리아 시드니 여행지에서

"이런들 어떠하며 저런들 어떠하리 / 만수산 드렁 칡이 얼켜진들 어떠하리 / 우리도 저렇게 얼켜져, 백년 천년 살아보세……." 이방원이기 이렇게 읊었을 때, "이 몸이 죽고 죽어 일백 번 고쳐 죽어 / 백골이 진토되어 넋이라도 있고 없고 / 임 향한 일편단심이야 변할 줄이 있으랴"라 하면서 정몽주가 읊을 때 어떤 방법으로 처리할지가 몹시 궁금하였다. 그러나 끝날 때까지 내가 보고 싶은 장면은 없었다. 벌써 끝난 상태인가? 이방원이 왕자의 난을 준비하고 있나보다.

보청기를 안 꼈을 때는 티브이 청취 음량을 20정도 올려야 가능했으나 지금은 7-9정도면 가능하다. 예전에는 다른 가족에게 소음공해를 안겼으나 지금은 조용하게 소음공해 없이 시청이 가능해졌다.

그런데 귀에게 미안하다. 맑은 물에 헹구면 소리가 다시 찾아올까, 보청기를 빼고도 잘 들을 수 있을까. 보청기를 낄 때마다 귀가 아파하는 것 같다.

어느 선배의 죽음

어느 대학병원 중환자실에서 한 선배님을 마주한 경험이 있다. 인공호흡기를 입에 물고 있어 대화가 불가능했고, 그로부터 한 달쯤 지난 후 강남성모병원 영안실에서 조문하는 상황이 발생했다. 더욱이 놀라운 일은 중환자실에서 대하기 일주일 전에는 매 짝수월에 만나는 모임에서 고인이 건강에 대한 강의도 있었기 때문이다.

오늘날의 죽음은 병원에서 머물며 의사와 간호사의 돌봄과 현대의학의 기기(器機)들에 둘러싸여 죽음의 진행과정이 늦추어짐을 특징으로 한다. 그런데 언젠가 자신이 삶의 종착지점에 도달하는 경우 생명을 연장하는 조치를 더 이상 취하지 않거나 중단하도록 결정할 것이라고 생각하는 사람들이 적지 않다.

군(軍)선배로서 장군 출신이며, 서울 메트로에서 만났을 때는 같은 배를 타고 같은 목표를 향하는 분야에서 회의도 하고 토론도하며 함께 웃기도 하고 서로 얼굴을 붉히기도 했던 그런 분이었다. 그런 분이 자신의 죽음에 대한 준비는 전혀 없었던 것이다.

'사전의료지시서'에 대한 관심은 삶의 마지막 단계에서의 치료 결정에 대한 관심의 증가와 맥을 함께 한다. 그리고 이 관심은 시대의 상황과도 밀접한 연관이 있다. 무엇보다도 우리는 의학의 발전과 함께 건강 증진을 위해 경이로운 기술로 간주되었던 숱한 기술들이 이제는 주의를 요하는 것으로 바뀌고 있다는 것에 주목할 필요가 있다. 일부 의료인들은 죽음을 삶의 자연적인 종결로 보기보다는 의학적 진료의 실패로 간주하기 때문에, 어떤 치료 방법들은 실제로 생명을 연장시키기보다는 고통을 연장시키는 기능을 하고 있는 것이다.

과거에는 임종자의 대부분은 가정에서 사랑하는 사람들이 지켜보는 가운데 임종할 수 있었으나 오늘날 대부분의 죽음은 의료 기관 내에서 발생한다. 너무나 많은 사람들이 병실에서 기계에 걸린 채 홀로 죽어간다. 가정에서 노인을 돌보는 부담은 과거에는 대개 여성의 몫이었는데, 오늘날에는 맞벌이 부부들이 늘어가면서, 연로하여 기력이 떨어지고, 병든 노인을 집안에 모시기가 어려운 일이 되어버린 가운데, 이제 많은 사람들이 의료 기관에서 죽는 것을 편안해 하지 않으면서도, 그것은 이미 우리 사회에서 하나의 관례가 되고 만 것이다. 진리도, 효도 개념도, 사회적 산물인가?

삶의 마지막 단계에 있는 환자들에 대한 치료 수단의 결정과 관련된 뜨거운 토론에 기름을 붓는 또 다른 요인은 경제적 상황이다. 치료를 중단하는 결정과 죽음보조행위는 많은 경우 경제적 상황에 맞물려 발생한다는 것이다. 개인에게 있어서 의료 처치와 간호에 대한 비용은 평균적으로 임종 전 마지막 6개월 동안 발생한다. 생명의료가 나의 관심 속에 깊이 자리한 데에는 내가 목도

한 한 죽음의 상황과 더불어 두 가지 큰 사건, 즉 보라매병원 사건과 김 할머니 사건이 계기가 되었다.

사건 판결에서 중환자를 가족의 퇴원요구에 응하여 퇴원시킨 의사에게 계속적 치료의무 수행을 하지 않았다 하여 유죄판결을 내렸다. 이러한 판결 이후 또 다른 연명치료와 연관된 사건들이 발생하면서 의료진에게 계속적 치료 의무를 요구함으로써 의료진들로 하여금 방어적 진료를 하게 만들었다. 다른 환자는 중환자실로 옮겨 치료하였으나 의식을 회복하지 못하고 인공호흡기에 의존한 채, 환자의 가족은 어머니에게 부착된 인공호흡기를 제거해 달라고 청구한 사건을 통해서 연명치료 중단이라는 사회적 공론의 주제가 사법부로 넘겨졌으며, 판결문의 형태로 사법부의 견해를 알 수 있게 되었다.

아직까지 우리나라는 법적으로 존엄사 시행을 금지하고 있으나 존엄사 금지가 오히려 인간의 존엄성과 자율성을 침해하고 있다는 반론이 제기되고 있다. 대법원은 연명치료 중단이 반드시 소송을 통해 해결해야하는 문제는 아니며 소송사건화 하는 것도 비현실적이라고 언급하였다. 대법원은 신중한 판단을 위한 절차적 방법으로서 병원윤리위원회를 제시했다.

인간에 있어서 죽음이란 피할 수 없는 현상이다. 즉 생(生)이 있으면 반드시 초래되는 결과이다. 그렇기 때문에 누구나가 경험하여야 하는 숙명적인 현상이다. 또 인간은 그 육체와 정신은 분리할 수 없는 한 단위이기 때문에 죽음의 육체적인 면에서 사람이 죽으면 육체는 분해되고 소멸된다는 사실에 대해서는 아무런 반론이나 이의가 있을 수 없다. 그러나 죽음의 정신적인 면에 대해서는 종교, 철학, 문학 등의 분야에 따라 보는 관점과 생각에 따라 차이가 있을 수 있는 것이다.

연명의료의 사회적 이슈 원인

연명의료가 사회적 관심 속에 법제화의 과정을 가게 되는 데에는 두 가지 큰 사건, 즉 보라매병원 사건과 김 할머니 사건이 계기가 되었다.

오늘날의 죽음은 병원에서 머물며 의사와 간호사의 돌봄과 현대의학의 혜택에 둘러싸여 죽음의 진행과정이 늦추어짐을 특징으로 한다. 그런데 언젠가 자신이 삶의 종착지점에 도달하는 경우 생명을 연장하는 조치를 더 이상 취하지 않거나 중단하도록 결정할 것이라고 생각하는 사람들이 적지 않다.

1. 보라매병원 사건

1997년 환자는 사고로 인한 뇌출혈로 응급으로 혈종제거수술을 받았다. 이후 상태가 조금씩 호전 중에 있었고 계속 치료받으면 회복될 가능성은 있었으나 뇌수술에 따른 뇌부종으로 자가 호흡이 어려워 인공호흡기를 부착한 채 치료를 받고 있었다. 환자의 부인이 치료비를 부담할 능력이 없다는 이유로 퇴원을 요구하여 의료진은 현 상태에서 환자가 퇴원하면 사망한다고 설명하고 퇴원을 만류하였다.

① 환자의 자기결정권 : 보라매병원 사건 판결에서 제1심 법원은 의료행위 중지에 대한 환자의 자기 결정권 행사에 대해 판시하였다. 환자에게 의료행위의 중지를 요구하는 추정적 의사가 있는지 여부가 의심스러운 경우에는 환자의 생명을 보호, 유지하여야 할 의무를 우선시하여야 한다고 하였다.

② 의사의 계속적 치료의무 : 보라매병원 사건 판결에서 중환자를 가족의 퇴원요구에 응하여 퇴원시킨 의사에게 계속적 치료의무를 수행하지 않았다 하여 유죄 판결을 내렸다. 이러한 판결이후 또 다른 연명의료와 연관된 사건들이 발생하면서 의료진에게 계속적 치료의무를 요구함으로써 의료진들로 하여금 방어적 진료를 하게 만들었다.

2. 김 할머니 사건

2009년 환자는 폐종양 조직검사를 받던 중 과다출혈 등으로 중환자실로 옮겨 치료하였으나 의식을 회복하지 못하고 인공호흡기에 의존한 채 목숨을 연명하고 있었다. 환자의 가족은 '어머니에게 부착된 인공호흡기를 제거해 달라'고 법원에 청구소성을 냈고 이 사건을 통해서, 연명치료 중단이라는 사회적 공론의 주제가 사법부로 넘겨졌으며, 판결문의 형태로 사법부의 견해를 알 수 있게 되었다.

대법원 판결의 기본적인 틀은 연명치료 중단의 사회적 수용과 관련해서 상당히 진전된 내용을 담고 있었다. 대법원은 사안의 중요성을 감안하여 2009년 4월 30일 공개변론을 열었으며 연세대학교 세브란스병원은 병원윤리위원회를 개최한 후 가족과 협의하여 6월 23일 환자의 인공호흡기를 제거하였다. 그러나 그 후 환자는 특별한 투약 없이 혈압, 체온, 맥박, 자발호흡을 유지하다가 2010년 1월 10일 인공호흡기를 뗀 지 201일 만에 가족이 지켜보는 가운데 별세하였다.[31)]

①

아직까지 우리나라는 법적으로 안락사 시행을 금지하고 있으나 안락사 금지가 오히려 인간의 존엄성과 자율성을 침해하고 있다는 반론이 제기되고 있다. 따라서 생물학적으로 살아있는 환자의 생명연장치료와 마지막으로 인간다운 존엄성을 지키고자 하는 환자의 죽을 권리를 주장하는 상황 속에서 결단을 내려야할 필요성이 제기 된다. 그리고 국가는 구체적인 입법을 통하여 국민의 기본권을 구체화할 필요가 있는데, 대법원은 연명치료 중단이 반드시 소송을 통해 해결해야 하는 문제는 아니며 일일이 사례들을 소송사건화 하는 것도 비현실적이라고 언급하였다.

②

환자의 연명치료중지 여부에 관하여 사법부가 다루어야 했던 이

31) 구영모, 생명의료윤리, 동녘, 2010, 154쪽

유는 무엇인가? 대법원 판결의 의의는 첫째, 대법원이 처음으로 연명치료 중단의 일반적요건 혹은 절차를 제시했다는 점. 둘째, 대법원이 처음으로 구속력을 인정할 수 있는 사전의료지시서의 요건을 구체적으로 제시하였다는 점. 셋째, 대법원은 연명치료 중단이 반드시 소송을 통해 해결해야하는 문제는 아니며 신중한 판단을 위한 절차적 방법으로써 병원윤리위원회를 제시했다는 점이다.[32)]

고대 우리나라에 있었던 고려장[33)]이나 또 고대 로마에서 기형아를 출생 후 즉시 죽인다는 것을 법률로 허가해왔다는 풍습 등이 동양의 유교문화나 서양의 기독교사상으로 배척당한 이후, 서양에서는 르네상스와 함께 새로운 안락사의 개념이 형성되었다. 안락사(Euthanasia)라는 용어는 이때부터 쓰이기 시작했다.

---

32) 구영모, 생명의료윤리, 동녘, 2010년, 158-159쪽

33) 한국정신문화대백과사전 2권, 한국정신문화연구원, 1992, p444-445, 「고려장설화」 : 늙은 부모를 산 채로 버리던 악습이 없어지게 된 내력을 이야기한 유래담. 옛날에 사람의 나이가 많아지면 노인을 산중에 갖다 버리는 풍습이 있었다. 어느 노인이 나이가 70살이 되었으므로, 그 아들이 그 아버지를 버리기 위해 지게에 지고는 산중으로 들어가서, 아버지 옆에 약간의 음식과 지고 왔던 지게를 놓아둔 채 되돌아가려고 했다. 그러자 그를 따라왔던 어린 아들이 그 지게를 다시지고 오기에, 그는 아들에게 왜 지게를 가지고 오는가를 물었다. 어린 아들이 "아버지도 나이가 차면 이 지게에 지고 와서 버려야 하기 때문에 가져왔다."고 대답했다. 그 말에 그는 크게 뉘우치고 늙은 아버지를 다시 집에 모셔간 뒤에 잘 봉양했다. 그로부터 고려장(高麗葬)이라는 악습은 없어졌다고 한다.

바람직한 연명의료

1) 호스피스의 제도화

호스피스 입법화와 호스피스의 시설의 확대가 요원하고 생명을 존중해야 한다는 국민들의 인식은 낮은 수준에 있는 상황에서 불거진 연명의료 결정의 입법 움직임은, 자칫 무의미한 적극적 치료는 중단했으나 호스피스 병상이 부족하여 딱히 마지막 돌봄을 받을 기회는 없이 환자들을 임종 시까지 방치하는 상황에 빠뜨릴 위험이 있고, 한국에서는 말기 암 환자만이 호스피스를 받을 자격이 있다고 해도 과언이 아니다. 그러므로 시설의 확대가 시급하다.

2) 생명 존중의 원리

어느 누구도 그 무엇도 무죄한 인간 존재, 갓 잉태된 태아든 다소 자란 태아든, 어린이든 노인이든 불치병으로 고통 받는 사람이든, 죽어 가는 사람이든 결코 인간의 살해를 용납할 수 없다.34)인간생명은 그 무엇과도 바꿀 수 없는 절대적 가치이다. 그리고 인간은 존엄한 존재이다. 인간 생명의 주인은 인간이 아니라 하느님이기에, 인간은 생명을 소중하게 가꾸고 관리하는 생명의 관리자일 뿐이다. 타의적으로 생명을 중지시킨다면 이것은 인간의 존엄성에 위배되는 행위이다. 또한 안락사의 허용은 사회적으로 살인을 합법화시키는 장치로 남용될 수도 있다. 이것도 인간의 존엄성

34) 교황청 신앙교리성, "안락사에 관한 선언"(Iura et Bona), 1980

에 위배되는 행위이다. 고로 자의적으로든 또는 반자의적으로든 생명을 종결하는 것은 살인이고 결코 허용될 수 없다.

3) 십계명의 가르침

십계명은 성서의 요약인 동시에 하느님 의지의 총괄이며, 교회의 핵심 사상을 간결하고 명료하게 집약한 그리스도교의 대강령이다. "사람을 죽이지 마라"는 제5계명은, 인간의 생명은 하느님께 속한 것이므로 살인을 한다는 것은 하느님을 향한 도전임을 의미한다. 그리고 오직 하느님만이 생명의 주인이시기 때문에 인간 생명과 죽음은 하느님 손에 달려 있다.

4) 안락사의 문제

안락사는 해결하려고 해도 해결하기 어려운 그런 사회 문제이다. 문제는 인간적 죽음이 무엇이냐? 하는 문제이다. 죽음이란 모든 인간에게 있어서 하나의 '피할 수 없는 사건'이다. 이러한 의미에서 "인간적 품위"를 지니고 죽는다는 것은 인간 존재에 있어서 아주 중요하고도 거절할 수 없는 요소이며, 이런 의미에서 품위를 지닌 죽음이란 인간 생명 전체를 요약하는 것이고, 평화로움과 용기를 가지고 죽음을 맞이하는 것이다. 안락사는 살 권리와 죽을 권리를 동시에 내포한다는 점에서 민감한 사회적 이슈라 할 수 있다. 전통적인 주장인 생명 존중 사상은 안락사의 허용입장과 반대입장 모두에서 볼 수 있다. 허용 입장에서는 인간다운 삶이 진정한 인간다운 생명을 유지한다는 입장이고, 반대 입장으로는 인간의 생명은 그 자체로 존중받아야 하고 절대적 보호를 받아야 한다는 주장을 펼친다. 그러나 인간다운 삶이 현저히 낮은 채 생물학적인 생명만으로 연장시킨다면 무의미한 치료가 될 것이다. 생명의 존엄성이 이 논문의 중요한 사안인 것이다. 안락사에 찬성하는 것과 반대하는 것 중 어떠한 것이 사회적으로 더 도덕적이며, 합리적인 일일까? 많은 사람들이 이것에 대해 논쟁하고 있지만, 어떤 누구도 어느 것이 옳다고는 분명히 말할 수 없다.

5) 법원 판례로서 연명치료의 중단

이미 대법원 판례로서 연명치료 중단이 반드시 소송을 통해 해결해야하는 문제는 아니며 신중한 판단을 위한 절차적 방법으로서 병원윤리 위원회를 제시했다는 점이다. 물론 대법원이 회복 불가능한 사망단계인지 여부에 관하여 위원회의 판단을 '거쳐야한다'고 판시하지 않고 '바람직하다'고 판시한 것은 입법부가 아닌 사법부로서의 내재적 한계 때문이다. 그러나 캐런 퀸란 판결에서 병원윤리위원회의 중요성이 언급된 뒤 미국에서 병원윤리위원회가 활성화된 것처럼, 우리나라에서도 대법원의 판시는 병원윤리위원회의 활성화의 중요한 계기가 될 것이다.

6) 사전의료 의향서

사전 의료의향서를 통한 환자의 자유로운 결정은 오직 현재의 구체적인 상황에서만 유효하며 가정된 상화에서는 의미가 없고, 우려되는 것은 현재 한국에서 통용되고 있는 사전의료의향서중에는 의사의 전문적 설명 없이 노인들에게 한, 두 시간 강의 후 작성하도록 한 것들이 많다는 것이다.

그리스도교의 혼인과 생명

- 논문

1. 혼인(婚姻)

1.1 그리스도인 가정 · 혼인에 대한 가르침35)

복자 요한 바오로 2세 교황 권고 '가정공동체'(Familiaris Consortio)는 1980년 9월 26일부터 10월 25일까지 '현대세계 안에서 그리스도인 가정의 과제'라는 주제로 개최되었던 제6차 세계주교대의원회의를 마치면서 작성된 건의안을 참고로 1981년 11월 22일자로 반포된 문헌이다. 이 교황 권고가 갖는 가장 큰 가치는 제2차 바티칸공의회가 가정과 혼인에 대하여 '사목헌장'을 통한 가르침을 좀 더 깊이 있고 폭 넓게 또 구체적으로 알려주는데 있다. 이 가르침의 중심에는 복자 요한바오로 2세의 "인류의 미래는 가정에 달려있습니다"하는 확신이 자리하고 있다. 아울러 교황은 가정이야말로 혼인과 더불어 "인간에게 하나의 소중한 가치"임을 재천

35) 가톨릭신문, 정연정 신부, 2014. 3. 16 『가정은 교회의 길』 참조, 정연정 신부는 로마 교황청립 라테란대학교 요한 바오로 2세 대학원에서 석사학위를 받은 절두산 성지의 주임.

명하고 있다. 또한 "사회의 활력 있는 기초적 세포"로서 가정은 "소규모의 교회, 곧 가정교회"의 모습임을 깨닫게 한다. 때문에 교회는 가정을 "보금자리와 발판이라고 생각"하기에, 인간은 교회와 가정 안에서 자신의 모습을 완성하게 되는 것이다.

1.1.1 하느님의 계획이 드러나는 가정

교황은 "역사의 이 시점에서 가정은 그것을 파괴하거나 또는 어떤 모양으로 변태시키려는 다양한 세력의 표적이 되고 있는" 사실을 전제하면서, 동시에 "교회는 혼인과 가정에 대한 하느님의 계획을 모든 사람들에게 선포할 사명을 절감하고 있다"고 강조한다. 이와 같은 이유로 세계주교대의원회의는 그리스도의 가르침을 좇아 "처음으로 돌아갔습니다."라고 부연하여 설명한다. 그래서 '가정공동체' 13항에서는 인류의 구세주로서 사랑과 아울러 자신을 주었을 뿐 아니라 인류를 당신 몸에 일치시키신 예수 그리스도께서 혼인의 본래 진리, 곧 "처음"의 진리를 밝혀주셨다고 가르치고 있다. 때문에 예수님께서는 "창조 때부터 '하느님께서는 사람들을 남자와 여자로 만드셨다. 그러므로 아내와 결합하여, 둘이 한 몸이 될 것이다.'"라고 가르치셨다. 참으로 혼인은 "창조주이신 하느님의 계획대로 아주 충실하게 살기 위해서 특유하고 배타적인 것으로 공인된 부부애" 안에서 완성된다. 교황은 하느님의 계획에 따라서 혼인한 부부는 "부모가 되면서 하느님에게서 새로운 책임의 은혜를 받습니다. 부모의 사랑은 자녀들에게는 하느님의 사랑에 대한 보이는 징표가 되어야합니다."라고 가르친다. 결국 부부애의 살아 있는 표상이며, 영원한 일치의 상징인 자녀들은 부부가 자신들 안에 드러난 하느님의 계획을 겸손되이 받아들이게 한다. 그래서 각 가정이 "본연의 것이 되어라"는 자신의 사명을 다시금 자각하도록 한다. '가정공동체' 17항은 본연의 가정이 살아야 할 네 가지를 "인간공동체의 형성, 생명에의 봉사, 사회발전에의 참여, 교회의 삶과 사명에의 참여"라고 명시하고 있다.

1.1.2 성화되어야 하는 그리스도인 가정

복자 요한 바오로 2세는 "그리스도인 가정은 스스로 성화될 뿐 아니라 교회 공동체와 세계를 성화할" 소명을 받았다고 가르친다. 이에 따라서 모든 남편과 아내는 "혼인 생활을 거룩하게 하도록 하느님의 계획 안에서 불린 것"이라고 교황은 일깨워준다. 때문에 부부는 매일 매일의 사건, 문제, 어려움, 상황 등을 통해서 그들에게 다가오시는 하느님께서 그들이 "계속 혼인 안에 머물도록 부르시는" 초대에 성화된 모습으로써 응답해야 하는 것이다. 이런 이유로 '가정공동체' 56항은 혼인성사야 말로 "그리스도인 부부와 가정을 위해서는 성화의 특수 원천이며 본래의 수단"이라고 가르친다. 그러므로 그리스도인에게 혼인성사는 단지 신자로서 교회법을 준수하려는 선택이 아니라, 성덕에로 불린 그리스도인 부부가 자신들의 "부부생활과 가정생활의 현실 안에서 구체적으로 성화되게"하는 간과할 수 없는 필수적인 조건이다. 때문에 교황은 "그리스도인 가정의 성화 역할은 세례성사에 그 기반을 두고, 그리스도인의 혼인과 밀접히 연결되어있는 성체성사에서 최상의 표현을 발견한다."고 강조한다. 결국 그리스도인 가정은 혼인성사로써 성덕의 삶을 향한 씨앗을 뿌리고, 성체성사로 양육되어 거룩한 열매를 맺게 된다. 이렇게 될 때에 그리스도인 부부는 매일매일 "더욱 풍요로운 일치를 향하여 진보할 수 있고, 그리스도의 은혜를 통해서 받은 사랑을 교회와 세계에 드러낼 수 있게" 된다. 이와 같은 이유로 "가정의 본질과 역할은 결국에는 사랑으로 규정된다."고 교황은 가르친다. 그래서 가정은 사랑을 보호하고 드러내며 전달해야 하는 사명을 지닌다. 부부는 그 사랑을 "서로에게 자신을 주면서고 자신들만을 주는 것이 아니라 자년도 주게 되는"것이다. 참으로 그리스도인 부부는 자신들의 혼인과 가정 안에서 그리스도께서 십자가 위에서 자신을 내어주시면서 보여주셨던 사랑을 조금씩 배워간다. 그래서 "부부애가 내재적으로 지향하는 그 완성에 도달하면 부부애덕"이 된다.

1.1.3 복음화의 자리인 그리스도인 가정

'가정공동체' 52항에서는 "그리스도인 가정은 복음을 받아들이고 신앙 안에서 성숙하는 만큼 복음화하는 공동체가 될 것입니다."라고 장엄하게 선언한다. 그 이유를 43항에서는 이렇게 밝히고 있다. "가정은 사회를 인간화하고 인격화하기 위한 가장 효과적인 수단이고 원초적인 장소입니다. 가정은 특히 미덕과 가치를 보호하고 전수함으로써 인생을 진정 인간적인 것으로 만들기 때문에 세계 건설에 창조적 기여를 하는 것입니다." 때문에 교황은 그리스도인 가정이야말로 더욱 독창적이고 특수한 양식으로, 즉 "생명과 사랑의 친밀한 공동체"로서 교회와 사회에 봉사할 사명을 지닌다고 강조한다. 실제로 그리스도인 가정은 혼인성사로써 부부와 부모를 땅 끝까지 "그리스도의 참된 증인이며 동시에 '사랑과 생명의 선교사"가 되게 한다. 그리하여 교회는 가정과 힘을 합하여 "특히 도움과 후원을 가장 필요로 하는 가정들, 가난한 이들, 병약자, 노인, 장애자, 고아, 과부, 버림받은 배우자, 미혼모, 곤란한 처지에서 인공유산의 유혹을 받고 있는 임신부 등을 위한 정신적이고 물질적인 애덕을 실천"하는 데 온 힘을 쏟는다. 참으로 가정이야말로 "전체교회의 맥락 안에서 복음화되고 복음화하는 공동체로서의 자리를 차지한다."고 한다. 이 모든 것을 위하여 가정의 복음화는 최우선적이다.

'가정의 교황'이라도 불리는 복자 요한 바오로 2세는 '가정공동체'와 더불어 1988년 발표한 사도적 서한 '여성의 존엄'(Mulieris Dignitatem)과 1994년에 서명한 '가정 교서'(Gretissimam Sane)를 통하여 그리스도인 가정과 혼인에 대한 가르침을 아주 명확하게 정리하였다고 할 수 있다. 이 모든 가르침을 관통하는 교황의 통찰은 '한 처음'에 시작된 인간을 향한 하느님의 계획이 '미래/종말'까지 '가정과 혼인'안에서 항구하게 계시되고 있다는 것이다. 때문에 교황은 "가정은 교회의 길"이라고 천명한다.

1.2 남자와 여자의 결합

"남자와 여자는 '진리와 사랑 안에서' 살아갈 수 있는 똑같이 나누어 받았다. 그들이 혼인의 서약으로 결합되어 "한 몸"(창세 2,

24)을 이루게 될 때에, 그들의 결합은 '진리와 사랑 안에서 이루어져야 하며, 따라서 하느님을 닮은 모습으로 창조된 인격체 고유의 성숙성을 드러내야 한다."

1.2.1 혼인성사의 중요성[36]

가톨릭교회는 혼인의 가치를 어떻게 이해할까? 교회는 혼인이 가정의 토대를 이루는 가장 기본임을 잘 알고 있다. 따라서 「간추린 사회교리」에서는 남녀 간 결합인 혼인이 하느님과 깊은 연관성을 맺고 있음을 강조한다. "부부와 자녀와 사회의 행복을 지향하는 이 신성한 유대는 인간의 마음에 좌우되지 않는다. 하느님께서 바로 여러 가지 선과 목적을 지닌 혼인의 제정자이시다. 그러므로 창조주께서 제정하시고 당신의 법칙으로 안배하신, 생명과 사랑의 내밀한 부부 공동체인 혼인 제도는 인습이나 법 규범의 결과가 아니라 하느님의 뜻에 따라 지속적으로 이어져 온 것이다" 혼인은 두 배우자가 서로 주고받는 인격적 행위 안에서 태어나는 제도이며, 자신을 다른 한 사람인 배우자에게 온전히 내주겠다는 공개적 동의를 통해 이뤄진다. 따라서 어떠한 권력이나 세력도 혼인에 대한 이러한 천부적 권리를 폐지하거나 혼인의 특성이나 목적 자체를 바꿀 수 없다. 두 배우자가 서로에게 충실하며, 서로 돕고, 자녀를 받아들이기로 약속한 이 혼인의 유대는 하느님 앞에서 이뤄지며, 이 혼인 유대는 절대로 인간의 힘으로는 깨트릴 수

36) 평화신문, 황창희 신부의 [살며 배우며 실천하는 사회교리], 2014, 6, 1 제 1267호에서 참조

없는 불가해소성을 지닌 고유한 것이다. 따라서 가톨릭교회는 이러한 인격적 만남인 혼인을 강조하면서 일부다처제나 일처다부제를 반대하고 있다. 남자와 여자의 동등한 존엄성에 위배되기 때문이다. 올바른 인간 인격이 형성되려면 가정의 역할이 무엇보다 중요하다. 또한, 이러한 가정의 출발은 건강한 혼인생활을 통해 시작된다. 점점 혼인성사의 중요성을 잊어버리고 성당이 아니라 결혼식장을 찾는 신자들을 보면서 그만큼 우리 사회가 혼인성사의 중요성을 깨닫지 못하고 있는 것은 아닌가 하는 안타까운 생각이 든다.

1.2.2 혼인 가정교육 강화 필요하다.[37)]

우리나라 이혼율이 아시아 최고 수준을 기록했다는 소식이다. 지난 3월 한국가정법률상담소가 배포한 분석자료에 따를 때 한국 평균 조(粗) 이혼율(인구 1,000명당 이혼 건수) 수치가 2.72%로, 1951~1959년의 0.02%보다 무려 13.6배나 증가했다고 한다. 이는 아시아 각국과 비교해도 최고 수준으로 꼽히고 있다. 유엔인구통감을 볼 때도 한국의 조이혼율은 1996년부터 매년 일본을 앞질러 왔던 상태였다. 이러한 이혼의 증가는 경제문제와 성격차이, 배우자의 외도 등이 주요 원인으로 드러나고 있지만, 교회적으로 볼 때 다문화 가정의 확산과 평균초혼 연령의 상승 등이 주된 요소로 분석되고 있다. 요한 바오로 2세 교황은 회칙 '가정공동체'에서 현대의 가정 상황을 '빛과 어둠의 갈등'으로 표현한바 있다. 이

37) 가톨릭신문, 2014년 5월 18일. 사설(社說)에서 참조

를 통해 요한 바오로 2세는 “인간의 자유에 대한 인식, 여성의 지위향상, 자녀 교육 등에 대단한 관심을 보이고 있으나 다른 한편에서는 이기주의와 물질주의, 이혼의 증가, 낙태 등 기본가치가 붕괴되고 있다”고 지적한 바 있다. 이혼문제는 이제 젊은 부부들뿐만 아니라 노년층의 황혼이혼 증가로도 이어지고 있다. 결국 이러한 가정 해체 문제는 편부편모 가족의 증산과 독거노인 증가로 이어지게 될 것이다. 생명과 사랑의 보루라고 할 수 있는 교회가 결코 외면할 수 없는 부분이다. 문제가 발생한 이후 처리하기에 앞서 건전한 사회 발생의 근간인 가정의 중요성을 다시 한 번 강조, 혼인교육과 가정교육을 강화하는 동시에 올바른 가정공동체가 정립될 수 있는 다양한 사목프로그램이 만들어져야 한다. 가정은 교회의 밑거름이자 복음화의 핵심이고 뿌리다. 물질주의와 상대주의의 세파를 거슬러 그리스도인 가정인 우리는 전통적 가정의 가치와 중요성을 훼손하려는 현대의 모든 위험과 도전에 대해 이를 바로잡고 수호할 책임을 지니고 있다.

1.2.3 ‘미혼부 책임법’ 제정 바람직[38)]

미혼부에게 자녀양육비에 대한 법적책임을 상화하는 ‘미혼부책임법’을 제정해야 한다는 주장이 제기되고 있다. 미혼부책임법은 미혼부에게 자녀 양육비를 강제로 지급하게 함으로써 급증하는 미혼모의 양육 부담을 덜고 생명에 대한 남성의 책임을 묻는 제도

38) 평화신문, 이지혜 기자, 2014, 6.15 [미혼모에게 자녀 양육비 강제 지급 법제화]에서 참조

다. 미혼부 양육비 청구소송을 통해 미혼부에게 양육비를 청수할 수 있지만, 미혼부를 상대로 친자 확인을 해야 하는 등 소송 절차가 복잡하고 비용이 많이 든다. 지난 5월부터 미혼부책임법 제정을 위한 100만인 서명운동을 펼치고 있는 생명문화 연구가 이광호(베네딕토)씨는 "성의 핵심은 생명과 책임"이라며 "생명에 대한 추궁하는 법적 제도가 필요하다"고 제안했다. 이씨는 "미혼부 책임법은 남녀가 함께 만든 생명에 대해 남자에게 아버지 역할을 하라는 사회적 명령"이라며 "사랑이라는 명분으로 성관계를 하면서 임신하면 책임지지 않는 것은 명백한 범죄이자 폭행"이라고 강조했다. 미국과 캐나다, 덴마크 등 OECD 국가 상당수는 미혼부에게 양육비를 법적으로 지급하게 하고 있다. 미국의 경우 공적 기관이 미혼부를 찾아 재산을 추적해 양육비를 강제 집행 하고 있다. 경제적 능력이 없는 미성년일 경우에는 국가가 양육비를 대신 지급한 뒤 경제력을 갖게 되면 월급에서 공제한다. 캐나다에서는 미혼부가 양육비 책임을 회피하면 여권 사용과 운전면허를 정지시킨다. 덴마크는 16세 이상의 남성은 아이가 성인이 될 때까지 부양의 책임을 지게하고 있다. 주교회의 교육위원회 위원장 최기산 주교는 지난 5월 교육주간을 맞아 발표한 담화에서 교육자들에게 "피임 교육의 불완전성과 허구성을 알리고, 생명과 책임이라는 교육적 대안을 제시하라"면서 여기에는 "미혼모와 어린 생명을 돌보고, 미혼부 책임법을 제정하는 사회적 행동까지 포함된다."고 말했다. 주교회의 생명운동본부는 올 가을, 미혼부책임법과 관련해 공청회를 열고 미혼부책임법을 공론화할 계획이다.

2. 생명(生命)

2.1 생명의 신비와 상(性)[39]

2.1.1 생명의 기본 단위인 세포

생명과 무생물을 구분하는 가장 기본단위가 바로 세포(細胞, cell)[40]다. 그렇다면 하나의 세포는 어떻게 배아로 성장하고 성인(成人)으로 변해갈까? 단세포인 수정란(受精卵)[41]은 수백만 개의 다세포로 분화되고 계속적으로 몸의 구조로 형성되어 간다.

2.1.2 세포의 증식과 성체로의 전환

발생은 하나의 단세포인 수정란으로부터 시작한다. 여기서 작은 세포들이 계속 만들어진다.

2.2 생명복제

2.2.1 인간배아복제

생명공학의 윤리성 문제에 있어서 많은 이들이 무감각한 이유

---

39) 생명공학과 가톨릭 윤리, 이용훈 지음, 가톨릭출판사, 2012년 4월, 27p

40) 세포는 모든 생물의 기능적·구조적 기본 단위다. 한 사람의 몸은 약 100조에 이르는 세포로 구성되어 있으며, 이 세포는 인간의 몸을 이루는 가장 작은 기본 단위다.

41) 정자의 핵과 난자의 핵이 합쳐서 형성된 것을 수정란이라고 하며, 수정란에 대하여 수정 전의 난을 미수정난이라 한다. 다세포 생물에서의 수정을 하는 경우는 정자의 난자로의 접근, 정자와 난자의 접촉, 정자와 난자의 원형질막의 융합, 정자의 난자로의 침입, 이어서 정자와 난자의 세포막이 융합하여 2개의 생식 세포가 하나의 세포가 된다.

중에 하나로, '배아', '줄기세포', '체세포' 등 어려운 용어 문제를 들 수 있다. 일반인들은 좀처럼 알아듣기 힘든 이러한 용어들은 생명윤리에 있어서 중대한 문제들을 희석화할 우려가 있다. '배아'라는 용어부터 정확히 알고 넘어가자. 배아는 임신 8주까지의 초기 생명체를 말한다. 따라서 '인간배아복제'라는 말은 난자와 체세포를 이용하여 인간을 복제한 후 초기배아단계(수정 후 4~5일)까지 기른다는 의미다. 인간배아복제가 주목받는 것은 이것이 환자에게 특수한 세포, 곧 '줄기세포'를 이식하기 위한 방도로 이용될 수 있기 때문이다. 체세포를 통한 복제배아를 이용하여 줄기세포를 얻는 것을 찬성하는 입장에서는 난치병치료에 획기적 도움이 된다고 주장하고 있다. 몸이 병들었다는 것은 어떤 장기의 세포가 손상된 것을 말한다. 이를 치유하기 위해서는 손상된 부위에 건강한 세포가 자라게 하면 된다. 건강한 세포를 배아에서 구할 수 있으며, 배아는 완전한 개체로 자라날 수 있는 잠재력을 갖고 있다. 실제로 실험실에서 잘 배양하면 인체를 구성하는 210여 개의 장기로 발달할 각종 줄기세포를 얻을 수 있다. 배아는 불임클리닉에서 구할 수 있는데, 이곳에서는 임신의 성공률을 높이기 위해 수정란들을 넉넉하게 준비하고 있다. 불임부부가 임신에 성공하면 여분의 수정란들은 폐기되거나 불임부부의 동의 아래 실험용으로 사용되고 있다.

수정란은 4~5일이 지나면 100~200개의 세포로 된 배반포기 상태가 되는데, 안쪽 윗부분에 세포덩어리가 있고, 아랫부분은 비어 있다. 세포덩어리를 둘러싼 영양아 층은 태반으로 자랄 곳이다.

여기서 각종 장기로 발달할 부분이 세포 덩어리다. 이것을 통째로 떼어내 특수한 배양액에 넣는다. 이 과정에서 세포들이 근육, 신경 등으로 분화하도록 유도하기 위해서다.

1998년 미국 '위스콘신대학교'의 제임스 톰슨과 '존스홉킨스대학교'의 존 기어하트는 세계 최초로 인간의 줄기세포를 배양하는데 성공했다. 이들은 시험관에서 분리한 약 20개의 줄기세포가 신경, 피부, 근육, 연골 등으로 분화하는 것을 확인했다. 줄기세포가 치료에 좋다고 해도 다른 사람의 세포는 면역적으로 거부 반응이 일어나게 마련이다. 간염환자의 경우 자신의 간세포를 얻을 수 있으면 이상적 이식이 된다. 복제기술로 자신의 간세포를 얻을 수 있다. 이렇게 인간 배아 복제가 의료용으로 사용될 수 있는 것이다. 미국의 생명 공학 회사 'ACT'는 1998년 11월 인간의 체세포와 소의 난자를 결합시켜 '키메라배아'를 만들어 줄기세포를 만드는 실험을 하고 있다고 발표했다. 윤리문제를 피해가기 위해 이런 끔찍한 일이 행해지는 것으로, 인간의 난자를 불임클리닉용 시험관아기를 만드는 일 이외의 용도로 실험을 하는 행위는 사회적 규제를 받기 때문이다.

2.2.2 생명윤리 운동42)

미국에서는 1974년에 생명의학 연구의 피험자를 보호하기 위한

42) 생명윤리, 교육 그리고 가정, 마리아루이사 디 피에트로 지음/정재우 신부 옮김, 가톨릭출판사, 2011.11, 28페이지에서 참조

국가위원회가 설치되었다. 이 위원회는 1974년부터 1978년까지 생명의학연구에 관한 지침을 만들고 인간을 대상으로 하는 연구에서 윤리기준이 되는 원칙들을 정립했으며, 연구계획서를 심의하는 윤리위원회에 관한 지침을 마련했다. 그 내용은 '벨몬트 보고서'(Belmont Report: 1979. 4. 18. 연방 관보에 게재)에 수록되었는데, 그중에서 선행의 원칙, 자율성의 원칙, 정의의 원칙은 이후 북미 지역의 생명 윤리 논쟁에서 중심적인 기준이 되었다. 그러나 소위 '생명 윤리 운동'이 탄생하게 된 계기는 단순히 인간을 대상으로 하는 연구의 문제만이 아니었다. 생명 의학에서 나타나는 고도의 과학 기술화 문제, 의료 자원의 분배 문제, 생태계 보존 문제 등도 생명 윤리 논쟁을 뜨겁게 달구었다. 이 문제들은 모두 의료 행위의 가능성이 확대되고, 의사 – 환자 관계가 변화하며, 의료 행위가 예방 / 진단 / 치료를 넘어 대체(장기이식) 및 재생(줄기세포 사용)으로 확장되는 사회 문화적 흐름 속에 있는 것들이었다. 의사–환자 관계는 앞서 살펴본 히포크라테스의 온정적 간섭주의 모델에서 점차 환자의 자율성 존중을 중심으로 하는 모델로 변화하였다. 그리하여 주된 관심이 환자의 이익을 추구하는 데에서 환자의 자유로운 선택을 존중하는 쪽으로 옮아갔는데, 때로는 그런 존중이 자유의 근원인 생명마저도 위협하게 되었다. 자율성 존중을 중심으로 하는 모델에서 기본책무는 환자에게 정보를 알리는 것인데, 그 목적은 오로지 환자가 선택을 내리도록 – 비록 그 선택이 환자 자신의 질병 상태에 적합하지 않을 수 있다 하더라도 – 하는 것이다. 그와 함께 신뢰에 바탕을 둔 의사 – 환자 관계가 무너지고, 의사와 환자가 서로 계약을 맺는 소위 '계약주의적의료'라는 노선이 생겨났다. 즉, 의사가 환자를 계약의 상대자로보고, 혹시 발생할지 모를 법적 분쟁을 예방하도록 행동하는 것이다(방어 의료).

2.3 낙태.[43)]

2.3.1 외과적 낙태수술

임신 3주까지는 자궁목을 확장한 뒤 흡입술을 사용한다. 이보다 후기에는 소파수술을 한 뒤 프로스타글란딘을 투여해 자궁수축을 유도하고 자궁목을 확장시켜 태아의 신체조각을 제거해낸다. 외과적 낙태 수술의 부작용에는 태반조직 잔류, 자궁 천공, 자궁 출혈, 감염, 자궁목 찢김 등이 있다.

2.3.2 '내과적' 혹은 '약물적' 낙태 기술

'임신 방해법'이라고도 부르는 화학적 기술 중에는 미페프리스톤 혹은 RU486은 프로게스테론 호르몬의 수용체를 차단해 이 호르몬이 장기나 조직에 작용하지 못하게 하는 항프로게스테론제다. 알려진 것처럼 프로게스테론이란 임신을 시작하고 발달시키는 데 핵심 역할을 하는 호르몬이다. 이 호르몬은 배란 후 황체기와 임신 초기(수정 후 50일경까지)에 황체와 영양막에서 (소위 '황체-태반 이양' 이후) 분비되는데, 자궁 내막을 발달시키고 자궁근육층

43) 위 책자, 169페지에서 참조

을 이완시키며 자궁목을 수축시켜 배아가 자궁에 착상되어 성장하도록 지켜준다. 그런데 프로게스테론의 작용을 차단해 임신을 방해하는 기술이 여러 가지로 시도되었다. ㉠ 프로게스테론의 합성 차단, ㉡ 체내에 순환하는 프로게스테론의 중화, ㉢ 프로게스테론 수용체 차단 등이다. 이것이 RU486의 작용기제로 자궁내막, 자궁목, 자궁 근육층에 프로게스테론이 작용하지 못하도록 차단한다. 그러나 ㉠은 사람의 생존에 반드시 필요한 코르티코스테로이드 합성마저 차단한다.

2.3.3 단순히 의미론의 문제인가[44)]

'낙태'란 무월경 기간 180일(25주 5일) 이내에 행하는 임신중절을 가리키는데, 수정부터 배아의 자궁착상까지의 기관과 배란 전 기간(평균 14일)을 포함한다. 임신기간의 계산은 수정부터 계산하는 방법과 마지막 월경 첫날부터 계산하는 방법이 있다. 반면에 미국산부인과의사회(American College of Obstetricians and Gynecologists: ACOG)는 임신을 수정부터 분만까지가 아니라 배아의 자궁 착상부터 분만까지로 간주하여 '낙태'가 아니라는 것이다. 그런데 자궁이 아니라 가령 나팔관에 착상된 배아('자궁 외 임신')의 성장이 중단되었는지(소위 '응급 피임법')를 판정하기가 어려움을 전제한다 하더라도, 그렇게 재정의하는 이유는 과연 무엇이며, 그것은 과연 과학적으로 유효한가? 그 이유는 본질적으로 두 가지다. ㉠ 체외 인공 수정 시술 시, 여성의 생식관 안에 배아

44) 위 책자, 167페지에서 참조

를 이식해 착상시킨 뒤에야 임신이 시작되며, ㉡ 소위 '착상이론'에 따라 배아가 자궁내막에 닿아 모체가 배아의 존재를 감지했을 때에야 비로소 개체가 존재하기 시작한다는 것이다. 그러나 이런 이유들은 전혀 과학적 근거가 없는 것이고, 이중의 오류에서 출발하는 것이다. 즉, ㉠의 경우 임신이라는 자연적 과정을 인공성에 비추어 억지로 재해석하는 것이며, ㉡의 경우 배아가 생성되면 거의 즉시, 즉 자궁에 착상되기 전부터 이미 모체와 배아 사이에 '생물학적'반응이 일어난다는 사실을 부정하는 것이다. 유산이 배아나 산모의 질병으로 인해 발생한 경우 '자연유산'이라 부르며, 의도적으로 유산을 시킨 경우 '인공유산 / 낙태'라고 한다. 또한 그 목적에 따라, 비록 모호한 용어이긴 하지만, 우생학적 낙태(배아가 유전병이나 기형을 지닌 경우), 치료 낙태(산모의 생명이나 건강이 위험한 경우), 선택적 낙태(다태 임신의 경우) 등으로 구분한다. 한편, 윤리적 성찰에서는 배아의 파괴를 명백히 원하고 의도한 '직접' 낙태와 다른 목적으로 행한 어떤 행위에서 원하지 않은 결과로 유산이 일어나는 '간접' 낙태를 구분한다. 간접 낙태의 경우, 다음 네 가지 조건 아래서 소위 '이중 결과의 원리'가 적용된다. ㉠ 행하려는 행위는 그 자체로 선하거나 적어도 도덕적으로 중립적이어야 한다. ㉡ 그 행위는 악한 결과와 선한 결과를 낳는데, 행위자는 선한 결과를 의도해야 하며 악한 결과는 목적으로도 수단으로도 의도하지 말아야 한다. ㉢ 선한 결과가 악한 결과를 통해 나타나서는 안 되며, 최악의 경우에도 악한 결과는 선한 결과와 동시에 나타나야 한다. ㉣ 적절한 동기가 있을 때에만 악한 결과를 용인할 수 있다.

2.4 장기이식[45)]

2.4.1 장기 기증자 보호

장기 적출에 관한 첫째 물음은 이것이다. 타인의 생명을 수할 목적이라 하더라도, 건강한 사람이나 사체에서 건강한 장기를 적출하는 행위가 과연 정당한가? 제3장에서 우리는 인격 – 몸의 관계를 살펴보았고, 육신생명은 사람의 부수적인 무엇이 아니라 '근본'가치임을 강조했다. 인간은 신체적 존재이기 때문에, 몸에 대한 모든 침해는 바로 인격체에 대한 침해이다. "나는 내 실존에서 물러나 내 실존을 부수적인 것이 되게 할 수 있다. 특별한 느낌을 벗어버릴 수도 있고, 족쇄를 차고도 자유로울 수 있다. 그러나 …… 타인에게 나는 내 몸으로 존재한다. …… 타인이 내 몸에 가한 폭력은 바로 나에게 가한 폭력이다." 아무도 자기 몸이나 타인의 몸을 처분할 수 없다. 칸트는 이렇게 말한다. "인간은 자신을 소유하나, 자기 몸을 마음대로 다룰 수 없다. 몸은 자신의 일부이므로 인간은 몸을 통해 인격을 형성한다. 그는 자기 인격을 어떤 사물이 되게 할 수 없다." 또한 자기 인격을 어떤 사물처럼 처분할 수도 없다. "치아나 자신의 일부를 팔아 넘겨서는 안 된다."

45) 위책자, 342~361페지 참조

2.4.2 살아있는 기증자

수혜자의 혈족이든 비혈족이든 살아 있는 기증자는 골수/혈액 등의 조직, 신장, 간의 일부, 폐엽 만을 기증할 수 있다. 그 기증의 조건은 ㉠ 사체의 장기를 이용할 수 없고, ㉡ 응급한 상황이며, ㉢ 수혜자에게 현실적 유익(수명과 삶의 질에서 장기이식을 하지 않을 때와 비교)이 있고, ㉣ 기증자의 생명/건강에 위험이 없어야 한다. 그중에서 가장 염려되는 것은 바로 ㉣이다. 왜냐하면 살아 있는 기증자를 아무리 주의 깊게 선정한다 하더라도 외과 수술, 마취, 수술 후 출혈, 감염 등 기증자에게 실제로 닥칠 위험을 예측하기는 불가능하기 때문이다. 가령 미국 장기확보 및 이식망(Organ Procurement and transplantation Network)의 자료에 관한 엘리슨(Ellison) 연구팀의 연구 결과에 따르면, 신장기증자 중 56명이 기증 후 신부전증에 걸려 신장이식대상자가 되었다고 한다. 또한 간과할 수 없는 것은 심리적 위험(자기 존중감 결여, 무기력)을 비롯해, 기증자들이 대부분 자신의 결정을 후회하지 않지만 일부 자살사례가 있다는 사실이다. 이런 이유로 살아 있는 기증자에게는 완전한 정보가 제공되어야 하며, 기증 후 나타날 수 있는 위험과 미래 삶의 질 및 수혜자가 받을 이익 등이 어떠한지를 알려주어야 한다.

사실 기증을 하겠다는 선택에는 분명한 동기가 있어야 하고, 앞서 말한 것처럼 공동선을 추구하는 범위 안에서 자발적으로만 이루어져야 한다. 그리고 기증자에게 돌아갈 이익은 선행을 했다는 의식과 그에 따른 심리적, 정서적 보람 등 도덕적 유익 외에 다른 것은 있을 수 없다.

2.4.3 사망한 기증자

이 경우에 첫째 조건은 기증자가 사망했다는 판정이 내려져야 한다는 것이다. 이를 소위 '사망한 기증자 규칙'(dead donor rule)이라고 하는데, 이것이 1960년대부터 가장 중요시되는 윤리적, 도덕적, 사회적 원칙이다. 만일 이 규칙을 무시한다면, 환자가 미리 동의했다는 이유로 사체가 아닌 임종자에게서 장기를 적출하는 일이 발생할 우려도 있다. 그러므로 생물학적, 법적사망은 장기 기증이 허용되기 위해 포기할 수 없는 전제 조건이다. 그럼에도 불구하고 이것은 가장 논란이 많은 문제 중 하나다. 사망판정의 기준은 과연 무엇일까? 임상적 시준에 따라 내려진 사망판정이 한 인간의 죽음과 정말로 일치할까? 혹시 장기를 얻을 목적으로 사망판정을 서두를 위험은 없을까?

무엇보다 명확히 해둘 것은, 사망 판정이 장기적출과는 무관한 문제라는 사실이다. 어떤 사람의 상태가 사망판정기준에 부합하면, 그 후에 이어질 결정과 무관하게 사망판정이 내려진다. 이런 의미에서도 '사망한 기증자 규칙'은 하나의 보증이 된다.

죽음을 이야기한다는 것은 무엇보다 '죽음이란 무엇인가?'라는 물음에 답한다는 뜻이다. 죽음은 생명의 정지인가? 죽음은 몸의 생물학적 기능이 모두 정지한 것인가? 죽음은 영혼이 몸을 떠나는 순간인가? 이 세 가지 물음은 유기적 죽음, 생물학적 죽음, 존재론적 죽음이라 하여 죽음에 대해 서로 다른 의미를 나타낸다. 그러나 이들은 모두 생물학적 사실과 인간학적, 철학적, 성찰이 서로 결합된 하나의 대답을 요구한다.

이 문제를 고찰하기 위해 대개는 임상적 사실에서 출발한 다음 사망판정에 사용되는 기준이 과연 안전한가 하는 물음으로 넘어간다. 하지만 여기서는 그 반대로 철학적 관점에서 죽음이란 무엇인가 하는 물음으로부터 출발해 보자. 죽음이란 존재에서 비존재로 넘어감이다. 마치 생명의 시작이 비존재에서 존재로 넘어감인 것처럼 말이다. '넘어감'이란 어떤 과정이 아니라 한 사건을 가리키는데, 죽음에서 말하는 넘어감이란 임종과정과 시신의 해체를 서로 구분하는 사건이다. 비록 겉보기에 죽음이 어떤 사건처럼 보이지 않는다 해도(영혼이 몸에서 떠나는 본질적 변화의 순간은 보이지 않는다.), 그렇다고 해서 죽음이 사건이 나이라는 뜻은 아니다.

이것은 존재하는 어떤 사람이 더는 존재하지 않고 그의 시신만이 남는 순간이다. 생명체와 시신의 차이란, 전자는 기능적 단일성을 지니고 있으나 후자는 사망 후 그 단일성을 결정적이고 비가역적으로 상실했다는 것이다. 인간은 몸과 영혼으로 이루어진 단일한 전체로서, 신체적 차원은 인간에게 우연적인 것이 아니라 본질적인 것이다. 그러므로 인간이 바로 몸이다. 그러나 동시에 인간의 모든 활동(생각, 사랑, 정서, 의지, 자유 등)은 영적 차원을 전제로 하므로 인간은 단순한 육체성보다 크다. 그렇기 때문에 몸의 기능적 단일성이 멈추는 순간에 그 사람도 존재하기를 그친다.

그러면 유기체가 기능적 단일성을 자율적으로 유지할 능력을 완전히, 비가역적으로 상실했는지를 과연 어떻게 평가할 수 있을까? 다시 말해 사망을 판정하는 기준은 과연 무엇일까?

사망 판정 기준에는 기호학적 기준, 심장학적 기준, 신경학적 기준이 있다. 어떤 사람이 집에서 사망하면 기호학적 기준(사망 시 나타나는 현상을 관찰)을 사용하고, 병동에서 사망한 경우에는 심장학적 기준(심전도 상 적어도 20분간 평탄)을 사용한다. 반면에 신경학적 기준은 환자가 중환자실, 소생 학과, 관상동맥질환 집중치료실, 응급의학과, 외상센터 등에서 사망한 경우에 사용된다. 그런데 심장학적 기준과 신경학적 기준이라 하더라도 '되돌아올 수 없는 순간'을 심장이나 뇌의 정지와 동일시하지는 않는다. 그 순간은 인간 존재의 죽음에 해당한다.

기호학적 시준과 심장학적 기준은 오래전부터 알려진 반면에, 신경학적 기준은 그보다 최근에 정립되어 '뇌사'라는 부적절한 용어로 정의된 죽음을 판정하는 데 사용된다. 사실 죽음에 여러 유형(심폐사, 뇌사)이 있는 것이 아니다. 하나의 죽음을 판정하는 기준이 여러 개 있을 뿐이다. 신경학적 기준을 마련하게 된 것은 최근 몇 십 년 사이에 심폐 소생술이 가능하게 되면서부터다. 즉, 인공호흡기를 부착한 환자의 경우 사망 판정에 심폐사 기준을 적용할 수 없기 때문이다.

2.4.4 수혜자 보호[46]

장기 기증자 보호가 근본적인 조건이라면, 건강 / 생명의 유익이라는 면에서 수혜자를 보호하는 일고 간과할 수 없다. 장기 이식의 결과는 수많은 요인에 좌우되는데, 부분적으로는 수혜자의 건강 상태, 기증자와 기증된 장기의 체질, 장기의 분재 등에 영향

46) 정재우, 위책자 356페지

을 받는다.

무엇보다 명확히 해둘 것은, 기능을 대체하는 장기(신장, 심장, 간, 폐 등)만을 이식할 수 있으며, 수용자의 주체성을 변형시키는 장기는 이식할 수 없다는 점이다., 다시 말해 생식샘, 시상하부 - 뇌하수 체계, 뇌 조직, 뇌 등의 이식은 금지된다. ㉠ 시상하부 - 뇌하수 체계 이식은 호르몬 분비의 일주기성 리듬을 변형시킬 것이다. ㉡ 뇌조직이나 뇌이식은 몸과 뇌 사이에 커다란 부조화를 유발할 것이며, 몸에 이전 기억이 남아 있다면 그 부조화는 더욱 커질 것이다. ㉢ 생식샘 이식의 경우, 수혜자 본인의 것이 아닌 기증자의 생식 세포를 사용하게 됨으로써 후손이 단절된 것이다. 유일한 예외는 호르몬분비기능(에스트로겐, 프로게스테론)을 이용하기 위해 난소를 본래 자리가 아닌 다른 곳에 이식하는 경우다.

수혜자가 겪을 위험은 거의 의학적인 것으로, 이식 절차 및 면역 억제 과정과 관련된다. 수혜자에게는 지속적인 면역 억제 치료가 필요한데, 이때 그는 만성 / 재발성세균감염이나 기회감염병원체에 노출되어 질병에 취약한 상태에 놓인다. 그밖에 살아있는 기증자에게서 장기를 이식받은 경우, 수혜자는 빚을 지고 있다는 심리적 부담을 안고 살 수도 있으며, 만일 기증자가 병들거나 사망하면 죄책감을 가질 수도 있다.

이식할 장기의 '질'과 관련된 위험도 있다. 특별히 소위 '비표준' 혹은 '경계성' 기증자(marginal donor,노인, 아동, 당뇨환자, B형 혹은 C형 간염 보균자, 고혈압 환자, 크레아티닌 농도가 높은 경우, 심정지 기증자처럼 허혈 시간이 긴 경우)에게서 적출한 장기의 경우 그 기능이 조만간 감소하기 때문이다. 이런 장기 이식은 환자가 즉시 이식받지 못하면 생존할 수 없고, 다른 장기를 이용할 수 없는 경우에만 가능하다. 특별히 '심정지' 기증자에게서 장기를 적출할 때는 종종 발생하는 원발성기능장애(primary non function)가 일어날 것인지를 미리 평가해야 한다. 신장의 경우에는 기능 지연(delayed graft function) 여부를 기록해야 하며, 간의 경우에는 담즙혀혈로 인한 합병증으로 인해 드물지만 간 이식을 재차 받아야 하는 경우도 있음을 감안해야 한다. 그러나 긴 안목으로는 '심정지' 기증자에게서 적출한 장기를 이식한 결과가 '심장이 뛰는' 기증자의 장기를 사용한 결과와 크게 다르지 않다. 이런 상황과 위험성에 대해서 수혜자 및 그의 부모 - 수혜자가 미성년자인 경우-는 사전에 정보를 제공받아야 한다.

수혜자는 장기를 이식 받을 권리가 있으나, 이 권리는 장기의 수급과 분배에 좌우된다. 장기수급은 기증자의 숫자뿐만 아니라 연구비, 장기조달 기관, 국제협력, 기증문화확산 등에 직접적으로 비례한다. 또한 수혜자를 선택하는 기준이 올바르게 마련되어야 한다. 즉, 그 기준은 조직 적합성, 응급성, 대기순서 등에 의거할 수 있는 반면에, 지역적 / 사회적 기준이나 질병에 대한 환자의 개인적 책임여부(가령, 수혜자가 알콜 중독자인 경우) 등과는 무관해야 한다. 왜냐하면 의료의 목적인(telos)은 환자의 건강과 복지를 최대한 회복시키는 데 있으며, 그 어떤 형태의 차별이나 비난도 있어서는 안 되기 때문이다.

2.4.5 장기 기증과 사전 동의[47)]

건강한 사람이 자신의 장기나 그 일부를 내주어 자기 생명 / 건강에 닥칠 위험을 감수해야 할 이유는 무엇일까? 죽음을 미리 생각해 장기 기증의사를 미리 표명해야 할 이유는 무엇일까?

그 대답은 하나뿐이다. 장기가 필요하거나 필요하게 될 누군가를 위한 애덕 때문이라는 것이다. 그것은 도덕적 의무가 아니라 관대함에 따른 행위다. 이것이 바로 '기증'이라는 말을 사용할 수 있는 조건이며, 자신의 일부를 남에게 넘겨줄 수 있는 유일한 방법이다. 이 기증은 개인적이고, 자유롭고, 책임 있고, 충분한 정보를 인지한 결정에 따른 것이라야 하며, 인지 / 의지 능력을 지닌 성인만이 그 의사를 표명할 수 있다. 그 유일한 예외는 미성년자가 사망한 경우로, 이때는 부모가 동의를 표명한다. 그러므로 그 어떤 형태의 강요도 - 단순히 심리적인 것도 - 용인될 수 없다. 특히 가정에서 기증을 거부할 때 다른 가족들로부터 여러 가지 방법으로 소외됨으로써 심리적 강요가 일어나곤 한다. 그러나 잠재적 기증자가 기증의 압력을 받는다는 것은 기증의 의미 자체에 모순된다. 장기 기증을 거부하는 의사도 존중되어야 하며, 사망 후 기증의 경우에는 사망자가 생전에 기증의사를 법적 강제성을 갖도록 표명하지 않은 한 가족의 반대의사 역시 존중되어야 한다.

사망 후 장기적출에 동의하는 문제에 대해서는 여러 가지 해답이 제시되었다. 시신을 '사회적 재화'(res communitatis)로 간주하자는 이들도 있으나, 이는 기증의 의미 자체에 위배된다. 어떤 이

47) 정재우, 위 책자, 358페지

들은 명시적 동의만이 유효하다고 주장하고, 또 어떤 이들은 반대로 묵시적 동의 기준을 이용하자고 주장한다. 그러나 묵시적 동의 기준이 정당하기 위해서는 사망 후 장기기증에 관한 의사를 모든 사람이 생전에 미리 표명하도록 법으로 규정되어야만 한다. 또한 무엇보다 모든 사람에게 정확하고 빈틈없는 정보를 제공해야 하는데, 여기에 적지 않은 의구심이 일어난다. 즉, 정보를 제공받았다 하더라도 의사를 표명할 수 없는 사람은 과연 기증자일까? 의사를 표명하도록 '강제된' 상황이 혹시 어떤 차별이 일어나지는 않을까?

지금까지 살펴본 내용은 무엇보다 살아있는 기증자가 수혜자의 혈족이 아닐 때 유효하다. 그러나 면역적합성 외에도 기증자의 기증 동기와 자발성을 주의 깊게 평가해야 한다. 왜냐하면 사실 잠재적 기증자에게 심리적으로나 경제적으로 압력을 행사하려는 유혹이 강하기 때문이다. 어떤 이들은 장기 기증을 장려하는 데 관대함에만 호소하는 것으로는 불충분하므로 장기기증자에게 매매가 아닌 일종의 보상을 제공하면 적절한 유인책이 될 수 있다고 주장한다. 그러나 비록 이런 방법으로 장기 수급상황이 나아질 수도 있겠으나, 목적에 도달하기 위해 어떤 수단이든지 윤리적으로 용인되는 것은 아니다. 보상을 기대한다는 것은 기증을 하나의 매매로 변질시킬 것이며, 진정으로 자유로운 선택을 내려야 할 인간의 존엄성을 심각히 훼손할 것이다. 또한 개발도상국이나 극빈국의 경우에 장기 매매 시장이 형성될 위험이 있는데, 그렇게 되면 '기증자'들은 이중의 불의에 노출될 것이다. 즉, 가난에 밀려서 생존을 위해 생명 / 건강상의 위험을 무릅쓰고 장기를 팔아야 하는 상황에 놓이는 것이다.

2.5.생명 공학과 유전공학[48)]

2.5.1 치료를 위한 정보인가, 선택을 위한 정보인가?

우리가 여러 질병을 발견한다 해도, 유전 의학이 충분히 발달할 때까지는 그에 맞는 치료법을 갖지 못할 것이다. 그런 점에서 우리는 두 가지 위험에 직면할 수 있다. 첫째, "지혜가 열매를 맺지 못할 때 지혜롭다는 것은 슬픈 일이다."라고 소포클래스가 말한 것처럼, 알고도 아무것도 할 수 없다는 심리적 고뇌를 겪을 것이다. 둘째는, 이 정보를 남용할 위험이 있다는 것이다. 이미 오늘날 산전 진단으로 태아의 유전적 결함을 알아내고 있지만 이에 대한 '치료' 명목으로 낙태행위를 당연한 것으로 여기고 있다.

2.5.2 질병을 치료하는 데 이용할 것인가? 차별의 근거로 이용할 것인가?

유전정보는 어떤 질병을 미리 진단하여 치료하는데 이용될 수 있지만 이 정보가 차별의 근거로 이용될 수 있다. 가령, 보험회사나 고용자가 유전자검사결과를 토대로, 어떤 사람의 보험가입이나 고용을 거절하거나 불이익을 주는 경우를 생각할 수 있다.

---

48) 알기쉬운 생명윤리, 라몬 루카스 루카스 지음/김명수 신부 옮김, 가톨릭출판사, 2007, 11 제9장 [생명공학과 유전 공학]97~101페지 참조

2.5.3 생식세포 유전자 요법

생식세포는 23개의 염색체를 가진 일배체(一倍體)세포로, 정자와 난자를 말한다. 이 세포에 가해진 변환은, 그 세포로 생성된 배아와 그 후손에게로 이어질 것이다.

초기 배아는 전능성과 다능성을 갖는다. 따라서 이 배아에 행하는 시술은 어떤 것이든 배아와 그 후손에 영향을 줄 것이다.

이 요법을 어떻게 평가해야 하는가?

이 방법은 유전병 환자뿐만 아니라, 그 후손의 유전병도 치료할 수 있다는 장점이 있다. 인간의 통합성을 훼손하지 않는 한, 염색체 이상을 바로잡는 엄밀한 치료 행위는 정당하다. 이것은 본성을 변형하는 것이 아니라, 사람이 자신의 본질에 맞게 성장하도록 돕는 것이다. 하지만 이 경우에도 커다란 위험이 있다. 왜냐하면 치료 행위가 결함이 있는 부분만이 아니라, 다른 유전정보에도 영향을 줄 수 있기 때문이다. 그런 경우, 단순히 환자의 육체만이 아니라 그 사람과 후손의 정체성에도 영향을 주는 것이다. 이에 대해 루이스(C.S. Lewis)는 이렇게 묘사하였다. "자연에 대한 인간의 힘은 결국-몇몇 사람이 자연을 도구로 하여 - 다른 사람들에게 행사하는 힘이 된다. 인간이 성취한 새로운 힘은 인간에 대한 힘이 되는 것이다."

2.5.4 체세포 유전자 요법

체세포는 46개의 염색체를 가진, 분화된 이배체(二倍體) 세포로,

체세포유전자요법은 체세포의 유전자에 변형을 가하는 경우를 말한다. 체세포는 출산과 직접 관련이 없으며, 이 세포에 가하는 변형은 후손에게로 전해지지 않는다. 그러므로 체세포유전자요법의 윤리성은, 그 유익성과 유해성을 비교하면서 시술받는 당사자가 받을 최선의 유익과 존중에 따라 평가해야 한다. 가령, 간(肝)에 질병을 유발하는 특정 유전자에 행하는 치료행위는 가능하다. 그러나 한 사람의 정신기능에 관여하는 유전자는 변형을 가해도 될까?

2.5.5 생식세포유전자조작과 체세포유전자조작

일반적으로 이것을 유전공학이라고 한다. 이는 유전적, 신체적 질병에 대한 치료가 아니라, 인간의 욕구에 맞춘 유전형질을 가진 사람을 탄생시키는 조작 행위를 말한다. 이 행위는 질병을 '치료' 하는 행위가 아니라, 인간을 구성하는 - 질병에 걸리지 않은 - 부분을 '조작'하는 행위라는 점에서 심각한 문제를 갖고 있다. 질병에 대해서는 맞서 싸워야 하지만, 인간은 그의 결함이나 능력에 관계없이 존중받아야 한다.

의료 행위는 치료하기 위한 것이지, 결코 조작하기 위한 것이 아니다. 유전 의학이 가져올 커다란 유익은 동시에 유전 공학이 가져올 커다란 위험이기도 하다. 유전자 조작을 하지 않고 치료에 머물 수 있는 경계는 어디일까? 미래 세대에 대한 유전자 조작은 그들의 자유를 보다 제한하고, 그들을 보다 종속되게 할 것이다. 분명히 이런 조작은 생식세포에 대해서나 체세포에 대해서나 정당하지 않다. 그 이유는 다음과 같다.

2.6. 황우석 교수의 배아 줄기세포 연구에 대한 가톨릭의 입장[49)]

2.6.1 열광에서 실망으로, 황우석 논문 조작 사건

2004년 2월, 당시 서울대 수의과 대학 교수였던 황우석 박사는 세계 최초로 체세포핵이식기술을 사용해 만든 인간복제배아에서 줄기 세포를 추출하는데 성공했음을 과학학술지<사이언스Science>에 발표했다. '체세포핵이식 인간배아줄기세포 SCNT-hES-1'이라고 이름 붙인 이 줄기세포 덕분에 황우석 박사는 세계적인 유명인사가 되었으며, 1999년의 영롱이와 진이 등 소 복제 성공과 함께 우리나라를 대표하는 생명 과학자로 떠올랐다. 황우석 박사에게는 곧 국내외의 찬사와 영예가 봇물처럼 쏟아졌으며, 2005년 6월에는 "환자맞춤형줄기세포"를 실용 가능한 확률로 만들었다는 논문을 마찬가지로 <사이언스>에 발표하면서 아무도 그의 성공을 의심할 수 없게 했다. 그러나 같은 해 11월, 공동 연구자인 피츠버그 의대의 섀튼 교수가 결별을 선언하면서 시작된 황우석 박사의 연구에 대한 의혹은 MBC <PD 수첩>의 난자 매매 의혹 방영과 함께 온 나라를 들끓게 했다. 이어 12월에는 생명 과학자들을 위한 인터넷 사이트 BRIC에서 2005년에 발표한 논문의 진실성을 문제 삼으면서 사태는 한층 심각해졌다. 급기야 공동 연구자인 미

49) 이용훈 위의 책자, 138~143페이지, 2005년 6월4일, 한국 천주교 주교회의 교리주교위원회, 한국 천주교 주교회의 사회주교위원회.

즈메디 병원의 노성일 원장이 "맞춤형줄기세포는 하나도 없다"고 주장해, 서울대에서는 '연구의혹관련 조사위원회'를 발족했다. 조사위원회는 한 달간 조사를 거친 뒤 환자 맞춤형 줄기 세포는 하나도 없으며, 2004년도 논문의 줄기세포는 '처녀생식(parthenogenesis)'의 산물로 생각되고 황우석 박사가 논문을 조작했다는 결과를 발표했다. 애초에 '화자 맞춤형 줄기 세포'로 생각된 것은 모두 미즈메디 병원에서 만든 수정란 줄기 세포였으며, 그 책임이 누구에게 있는지는 현재 법정에서 재판이 진행되고 있다. 대다수 국민은 이러한 결과에 대단히 허탈해했지만 일부 지지자들은 여전히 황우석 박사가 어떤 음모의 희생양이며, 국가 이익을 위해 그가 연구를 재개해야 한다는 주장을 펴고 있다.

2.6.2 연구의 진실성을 배반하다

황우석 박사 사건은 대표적인 생명 과학 분야의 과학적 부정행위(scientific misconduct)로 판명됐다. 과학적 부정행위에는 여러 가지가 있으나 없는 데이터를 거짓으로 만들어낸 위조 데이터의 내용을 조작한 변조, 다른 사람의 아이디어를 허락 없이 베낀 표절이 대부분이다. 이 세 가지는 과학자가 결코 해서는 안 될 일이다. 게다가 황우석 박사의 논문은 저자가 될 자격이 없는 사람까지도 저자로 올려주었으며, 저자 가운데는 논문을 본 적 없는 사람까지 있었다. 이 역시 위조, 변조, 표절보다는 정도가 약하지만 저자 등재에서의 과학적 부정행위에 해당한다. 이러한 과학적 부정행위는 과학연구에 결정적인 연구의 진실성(integrity)를 침해한 것이다. 여기서 말하는 진실성이란 과학연구수행에서 연구의 계획부터 결과발표에 이르기까지 정직하고 성실해야 함을 의미한다. 다음과 같은 연구의 진실성은 심각하게 훼손된다.

* 타인의 아이디어를 표절한 연구 계획 수립
* 실험 과정에서의 기록 변조나 위조
* 실험 과정에 대한 거짓말
* 실험 결과 위조
* 실험 결과 과장
* 연구 논문 작성 시 저자 등재 권한authorship 변조
* 연구비의 잘못된 사용
* 실험 과정에서 피험자 또는 실험동물을 비인도적으로 취급

부끄럽게도 황우석 박사 사건은 이 모든 잘못에 거의 해당되는 종합적인 사례다. 이 연구는 처음부터 매매한 난자를 다수 사용했음에도 그 출처와 개수에 대해 거짓말을 했고 연구원의 난자를 사용하고도 부인했다(실험 과정에 대한 거짓말). 또한 이 과정에서 충분한 정보에 근거한 동의나 제대로 된 IRB 심의 등 피험자보호 규정을 지키지 않았으며(실험 과정에서 피험자에 대한 비인도적 취급), DNA 핑거프린팅 결과를 위조해 일치하지 않는 것을 일치한다고 알리고 한 장의 사진을 여러 장인 것처럼 속였다(실험 결과 위조). 2개밖에 없는 줄기세포, 그것도 수정란 줄기 세포를 12개의 체세포복제배아줄기세포로 부풀렸으며(실험결과과장), 연구에

공헌한 바가 없는 몇몇 교수도 저자로 등재했다(저자 등재 권한 변조). 또한 난자 매매에 들어간 비용을 밝히지 않은 것을 비롯해 연구비 사용해도 문제가 있었다. 과학적 부정행위, 그중에서도 특히 연구 결과의 위조와 변조는 과학계에서 결코 저질러서는 안 될 치명적인 악행이며, 연구의 중요성이 더하면 더할수록 다른 학자와 학문 영역에 미치는 영향이 크기 때문에 심각한 문제가 된다. 과학적 부정행위를 저지를 학자에 해단 과학계의 일반적인 대응은 학문 영역에서의 추방이다. 그런 학자는 대학이나 연구소에서 책임 있는 자리에 오를 수 없고, 설사 연구를 해서 논문을 쓴다 해도 저명한 학술자라면 그 논문을 싣지 않는다. 이는 법으로 정한 것이 아니라 과학계의 불문율이다. 과학적 부정행위를 이토록 엄하게 처벌하는 이유는 거짓 연구 결과로 말미암아 전 세계의 모든 과학자가 기만당하고 자신의 연구에 영향을 받으며, 학생들과 후배 과학자들의 교육에서도 잘못하면 저지르게 되기 때문이다. 불가능한 연구를 가능하다고 거짓말 하면 그 연구에 엄청난 노력과 비용, 자원이 투입될뿐더러 그 악영향이 한 나라에만 국한되지도 않는다. 황우석 박사가 2004년 2월 체세포 복제 배아 줄기 세포 확립에 성공했다고 한 연구 결과가 전 세계에 끼친 부정적 영향은 가늠이 불가능할 정도다. 물론 실험 데이터 해석의 오류나 잘못된 실험으로 진실이 아닌 결과를 발표할 수도 있다. 하지만 이와 같은 것은 대개 과학계의 검증 과정에서 걸러지며 연구자 자신이 나중에 잘못을 시인할 수도 있는 것으로, 의도적인 데이터 위조나 변조와는 기본적으로 다르다.

2.6.3 거품을 걷고 보니 – 체세포복제배아 연구의 가치

한때 황우석 박사의 체세포복제배아줄기세포 연구가 33조원의 국부를 창출하리라는 보도가 있었다. 그러나 체세포복제배아줄기세포뿐 아니라 생명과학(BT, Bio Technology) 분야의 경제적 가능성에 대한 예측은 일반적으로 부풀려져 있다. 생명 과학 업계에서 오늘날 세계적으로 수익을 내는 회사는 거의 없으며, 수익을 내는 일부 회사는 다른 연구자가 필요한 기자재나 시료 등을 제작해주는 일을 하고 있다. 사실 체세포복제배아줄기세포 연구가 얼마나 많은 국부를 창출할지는 모른다는 것이 정답이다. 너무나 많은 불확실성과 문제가 있기 때문에 쉽게 예측하기 어렵다. 그리고 어떤 연구의 경제적 가치와 실제로 그 연구를 통해서 벌어들일 수 있는 돈의 액수가 같은 것도 아니다. 황우석 박사는 체세포핵이식 기술을 사용해 인간 복제 배반포를 만드는 기술은 확보한 것으로 보인다. 난자활성화유도물질 배지의 변경 등이 이를 가능하게 한 기술이다. 하지만 소, 돼지, 염소 등 포유동물에서 배반포 내지 체세포복제배아를 만드는 기술은 일반적으로 확립된 기술로, 인간의 경우에도 충분한 재료와 숙련된 기술진이 있다면 가능하리라는 것이 일반적인 예측이었다. 사실 황우석 박사가 배반포를 만드는 데 성공한 결정적인 요인은 세계 어느 나라에서도 불가능한 다량의 신선한 인간 난자를 얻을 수 있었다는 데 있다. 유럽 연합과 미국에서는 윤리적인 이유로 이와 같은 인구를 금지했고 생명 과학과 복제 기술이 앞선 영국에서도 선뜻 추진하지 못했다. 물론 미국에서는 연방 지원을 받는 과학자에 한해 이 같은 연구를 금지했기에

민간 영역에서는 가능했지만 129명의 젊은 여성에게서 2,061개의 난자를 채취하기란 불가능한 일이었다. 황우석 박사의 연구 팀에 난자를 제공한 129명 가운데 12명만 순수한 의미의 기증자였고 나머지는 금전적으로 보상받았으니 그것은 실질적인 매매였다. 황우석 박사의 연구가 <사이언스>에 발표된 지 한 해 뒤인 2005년 8월, 영국 뉴캐슬 대학의 머독(Alison Murdoch)과 스토이코비치(Miodrag Stojkovic) 박사 팀이 불임 치료를 받는 11명의 여성에게서 36개의 난자를 기증받아 체세포 핵 이식 복제 배아를 만드는데 성공했다. 이는 그 기술이 그리 독창적이거나 고유한 것이 아님을 시사한다. 설령 체세포핵이식 복제배아줄기세포를 만들 수 있었고 이것이 고유하고 독창적인 기술력이라 해도 그것으로 무엇을 할 수 있을지는 의문이다. 환자치료용 맞춤형줄기세포? 복제배아줄기세포뿐 아니라 수정란배아줄기세포 역시 환자치료에 적용하려면 갈 길이 무척이나 멀다. 현재로서는 배아줄기세포가 암세포가 되지 않게 안전하게 제어할 기술이 없다. 경제적인 측면에서 본다면 이 연구가 훨씬 장래성이 어떤 세포를 암세포가 되지 않게 제어하는 기술이란 바로 암을 정복하는 기술을 의미하기 때문이다. 만약 이러한 기술을 확보한다면 그야말로 전 세계의 암 치료를 모두 장악했다고 할 수 있겠지만 이는 보통 일이 아니다. 이 문제는 어쩌면 생물학의 근원적인 수수께끼 - 어떻게 하나의 세포가 다른 세포로 분화하며 유전자가 발현하고 또 멈추는지, 세포 간의 의사소통은 어떻게 이루어지는지—를 푸는 엄청난 일과 직결되기 때문이다. 체세포복제배아줄기세포는 면역학적 거부반응을

극복하리라는 장점이 예상되지만, 이 세포치료를 원하는 사람들이 대개 유전적인 원인에 기인한 난치병환자라는 점이 문제가 된다. 이 줄기세포는 그런 사람들의 체세포를 그대로 이식한 것이므로 문제가 있는 유전자는 그대로 남기 때문이다. 치료용으로 쓰려면 유전자 치료 등으로 유전자를 변형해야 하는데 이는 또 다른 엄청난 도전이다. 따라서 냉정히 평가할 때 체세포복제배아줄기세포를 바로 치료용으로 사용하는 것은 가까운 시일 내에는 불가능하며, 아직까지 인류는 체세포복제배아줄기세포를 만들어내지도 못했다. 그리고 수정란줄기세포 연구는 우리나라에도 10만 개 가까이 남은 수정란을 이용하면 된다지만 체세포복제배아 연구에 필요한 난자는 어떻게 구할 것인가? 또 어떤 연구자가 이렇게 어려움이 많은 분야에 뛰어들겠는가? 충분한 연구비, 연구재료, 유능한 연구진이 있어도 해결이 가능할지 모르는 마당에 이렇게 어려움이 많다면 언제 그러한 목표가 달성될지 알 수 없는 일이다. 물론 체세포복제배아 및 줄기세포연구가 필요한 분야가 있음은 사실이다. 한 예로 특정 유전병환자의 체세포 핵을 난자에 이식해 그 세포가 어떻게 증식 · 분화하는지 살펴본다면 질병의 발생 원인을 파악할 수 있다. 하지만 이러한 용도는 소수의 전문 연구자에게나 필요할 뿐 단시간 내에 엄청난 부를 창출할 수 있는 것은 아니다. 해외에서 체세포 복제 배아 연구를 하는 이유는 이러한 목적 때문이지 단시간 내에 맞춤형 치료용 줄기 세포를 만들고자 해서가 아니다.

2.6.4 꿈에서 깨어나

2004년에서 2005년까지 황우석 박사는 국가적 영웅이었고, 거의 모든 언론과 국민이 그에게 환호했다. 이 과정에서 나를 포함한 황우석 연구의 문제점을 알고 있는 전문가들은 침묵을 지켰다. 줄기 세포에 대한 열광 속에서 우리나라의 의학과 생명과학 연구에 대한 국민적 관심이 살아났고, 더불어 연구비와 연구에 대한 지원도 크게 늘었기 때문이다. 돌이켜보면 부끄러운 일이지만 연구비 대부분이 정부에서 나오는 현실인 만큼 어쩔 수 없는 측면이 있었다. 연구자 대부분은 자신이 하는 연구가 중요하다고 정부나 국민을 설득하고 싶어 하며, 그 과정에서 경제적 · 학문적 효과를 과장하기도 한다. 황우석 박사는 그러한 이들 가운데 가장 탁월한 능력을 발휘했을 뿐이며 국민은 그 연구가 난치병 환자를 일으키고 엄청난 국부를 창출한다는데 매혹되었을 뿐이다. 대통령을 위시한 정부가 보증하고, 보수와 진보를 떠나 모든 언론이 칭송하는데 어떻게 믿지 않을 수 있겠는가. 하지만 단칼에 경제와 의료(돈과 건강)를 해결할 그러한 꿈같은 연구는 어디에도 없는 것이 현실이다. 그런 과학이 있다면 그것은 '과학이 아니라 마술'일 것이다. 우리 모두 알다시피 마술이란 교묘한 눈속임에 지나지 않는다. 다리를 못 쓰게 된 나의 친척 한 분도 황우석 박사가 자신을 일으켜 주리라는 믿음을 끝까지 품었다. 세상의 모든 비극을 없앨 과학을 꿈꿀 수는 있다. 하지만 이는 천천히 진리의 한 조각 한 조각을 탐구해나가는 과학의 현실과는 괴리가 있다. 이러한 진실을 냉정하게 받아들일 때 우리는 한층 성숙한 자세로 과학에 접근할 수 있을 것이다.

3. 연명의료 결정 법제화에 반대한다[50)]

생명문제 가운데 최근 들어 가장 논란이 되고 있는 것이 '연명의료 결정'이다. 2009년 이른바 '김 할머니 사건' 이후 연명의료 결정은 우리 사회에 강력한 이슈로 떠올랐고, 정부는 현재 연명의료 결정 법제화를 추진하고 있다. 서울대교구 생명위원회와 유재중 의원이 17일 국회에서 개최한 '바람직한 연명의료 결정의 방향과 과제' 심포지엄은 연명의료 결정에 관한 교회 입장을 재천명하는 자리로 눈길을 끌었다. 연명의료 결정에 관한 가톨릭의 입장은 분명하다. 환자 생명의 존엄성을 약화시키고 자칫 안락사를 초래할 수 있는 연명의료 결정 법제화는 반대하며, 죽음을 앞둔 환자들이 편안하고 적절한 돌봄을 받음으로써 인간다운 죽음을 맞이하도록 돕는 호스피스 완화의료를 제도화해야 한다는 것이다. 호스피스야말로 생명존중정신이 온전히 살아 있는 의료 행위이기 때문이다. 심포지엄에서 가톨릭생명윤리연구소장 정재우 신부가 지적한 것처럼 생명존중에 대한 기본 정신과 실천 없이 연명의료 결정을 법으로 만든다면 이는 환자의 생명을 좌지우지하는 개념으로 잘못 받아들여질 가능성이 매우 크다. 불행히도 그런 모습은 이미

---

50) 평화신문, 사설, 20014년 2월 23일[제1253호]참조

우리 사회에 나타나고 있다. 자기결정권, 존엄사, 죽을 권리 등과 같은 말이 대표적 예로, 이 같은 용어들은 흔히 안락사를 지지할 때 사용되는 것이다. 그럼에도 정부가 호스피스 제도화에는 미온적인 반면에 연명의료 결정 법제화에 적극적이라면 국민의 생명을 보호해야 할 책무를 소홀히 한다는 비난을 면하기 어렵다. 호스피스에 대한 국민의 인식은 아직 미미한 편이다. 호스피스는 죽으러 가는 곳이라는 편견이 아직도 남아 있고, 의료보험이 적용되지 않아 호스피스의 도움을 받는 환자는 소수에 불과하다. 국가 차원의 지원 없이 호스피스가 활성화하기를 기대할 수는 없다. 연명의료 결정 법제화는 인간에게 가장 중요한 문제를 법이라는 이름으로 무마하려는 인상이 짙다. 우선순위를 혼동해서는 안 된다. 호스피스 활성화를 위한 제도적 지원이 먼저다.

4.참고자료

- 가톨릭신문
- 평화신문
- 생명공학과 가톨릭 윤리(이용훈 지음)
- 생명 윤리, 교육 그리고 가정(정재우 옮김)
- 알기 쉬운 생명윤리(김명수 옮김)

이 도서의 국립중앙도서관 출판예정도서목록(CIP)은 서지정보유통지원시스템 홈페이지(http://seoji.nl.go.kr)와 국가자료종합목록 구축시스템(http://kolis-net.nl.go.kr)에서 이용하실 수 있습니다.

(CIP제어번호 : CIP2019037055)

김석준 수필집

어론리의 추억

초판인쇄일 2019년 10월 14일
초판발행일 2019년 10월 18일

지은이 : 김석준

펴낸곳 : 도서출판 문학공원
발행인 : 김순진
편집장 : 전하라
디자인 : 김초롱
등 록 : 2004년 3월 9일 제6-706호
주 소 : 우편번호 03382 서울 은평구 통일로 633
녹번오피스텔 501호 스토리문학사
전 화 : 02-2234-1666
팩 스 : 02-2236-1666
홈페이지 : http://cafe.daum.net/yob51
이메일 : 4615562@hanmail.net

※ 잘못된 책은 교환해 드립니다.
※ 책값은 뒤표지에 있습니다.

※ 이 책의 제작비 중 일부는 안산시 문화예술진흥기금을 지원받아 제작되었습니다.